Julian Galfeld

Teilzeitarbeit bei Führungskräften

Eine Untersuchung im öffentlichen Dienst NRW

Diplomica® Verlag GmbH

Galfeld, Julian: Teilzeitarbeit bei Führungskräften: Eine Untersuchung im öffentlichen
Dienst NRW. Hamburg, Diplomica Verlag GmbH 2012

ISBN: 978-3-8428-8852-4
Druck: Diplomica® Verlag GmbH, Hamburg, 2012

Bibliografische Information der Deutschen Nationalbibliothek:
Die Deutsche Nationalbibliothek verzeichnet diese Publikation in der Deutschen
Nationalbibliografie; detaillierte bibliografische Daten sind im Internet über
http://dnb.d-nb.de abrufbar.

Die digitale Ausgabe (eBook-Ausgabe) dieses Titels trägt die ISBN 978-3-8428-3852-9
und kann über den Handel oder den Verlag bezogen werden.

Dieses Werk ist urheberrechtlich geschützt. Die dadurch begründeten Rechte,
insbesondere die der Übersetzung, des Nachdrucks, des Vortrags, der Entnahme von
Abbildungen und Tabellen, der Funksendung, der Mikroverfilmung oder der
Vervielfältigung auf anderen Wegen und der Speicherung in Datenverarbeitungsanlagen,
bleiben, auch bei nur auszugsweiser Verwertung, vorbehalten. Eine Vervielfältigung
dieses Werkes oder von Teilen dieses Werkes ist auch im Einzelfall nur in den Grenzen
der gesetzlichen Bestimmungen des Urheberrechtsgesetzes der Bundesrepublik
Deutschland in der jeweils geltenden Fassung zulässig. Sie ist grundsätzlich
vergütungspflichtig. Zuwiderhandlungen unterliegen den Strafbestimmungen des
Urheberrechtes.

Die Wiedergabe von Gebrauchsnamen, Handelsnamen, Warenbezeichnungen usw. in
diesem Werk berechtigt auch ohne besondere Kennzeichnung nicht zu der Annahme,
dass solche Namen im Sinne der Warenzeichen- und Markenschutz-Gesetzgebung als frei
zu betrachten wären und daher von jedermann benutzt werden dürften.

Die Informationen in diesem Werk wurden mit Sorgfalt erarbeitet. Dennoch können
Fehler nicht vollständig ausgeschlossen werden, und der Diplomica Verlag, die Autoren
oder Übersetzer übernehmen keine juristische Verantwortung oder irgendeine Haftung
für evtl. verbliebene fehlerhafte Angaben und deren Folgen.

© Diplomica Verlag GmbH
http://www.diplomica-verlag.de, Hamburg 2012
Printed in Germany

Danksagung

Zuerst möchte ich mich bei allen bedanken, die diese Untersuchung durch ihre fachliche und persönliche Unterstützung begleitet und zu ihrem Gelingen beigetragen haben.

Ein besonderer Dank geht an Herrn Prof. Dr. Ulrich Walbrühl. Er übernahm die umfangreiche Erstbetreuung und unterstützte mich durch seine hilfreichen Anregungen und Ratschläge. Zudem gilt mein Dank auch meinen beiden Lektorinnen Stefanie Millentrup und Kim Schoester.

Des Weiteren möchte ich allen Teilzeit- und Vollzeitbeschäftigten Führungskräften danken, die engagiert und interessiert an meiner Befragung teilgenommen haben. Ohne die zahlreiche Teilnahme wäre die Durchführung dieser Untersuchung nicht möglich gewesen.

Abschließend möchte ich mich bei meinen Eltern bedanken, die mir das Studium ermöglicht haben. Ein besonderer Dank geht an meine Mutter, auf die ich immer zählen kann und konnte. Zudem bei meinen Freunden, die mich während dieser Zeit unterstützten und begleiteten.

Inhaltsverzeichnis

Abkürzungsverzeichnis IX

Darstellungsverzeichnis X

1   **Einleitung** 1

2   **Teilzeitarbeit – Theoretische Grundlagen** 4

    2.1   Definition Teilzeitarbeit 4

    2.2   Verbreitung von Teilzeitarbeit 5

        2.2.1   Verbreitung von Teilzeitarbeit in der Bundesrepublik Deutschland seit 1960 5

        2.2.2   Verbreitung von Teilzeitarbeit bei Führungskräften 7

    2.3   Varianten von Teilzeitarbeit 10

        2.3.1   Einseitige Reduzierung 11

        2.3.2   Altersteilzeit 11

        2.3.3   Job-Sharing 14

        2.3.4   Sabbatical 15

    2.4   Gesetzliche Rahmenbedingungen - Teilzeit- und Befristungsgesetz (TzBfG) 17

        2.4.1   Voraussetzungen für Teilzeitarbeit 18

        2.4.2   § 1 – Zielsetzung 19

        2.4.3   § 4 – Verbot der Diskriminierung und Benachteiligung 20

        2.4.4   § 6 – Förderung von Teilzeitarbeit 21

    2.5   Auswirkungen von Teilzeitarbeit auf die Mitarbeiter und die Behörde 22

        2.5.1   Life-Domain Balance 22

        2.5.2   Arbeitszufriedenheit 24

        2.5.3   Arbeitsmotivation 26

        2.5.4   Commitment 27

        2.5.5   Karriere 30

        2.5.6   Nachteile 32

    2.6   Hypothesen 34

3   **Methodik** 34

    3.1   Untersuchungsdesign 34

		3.1.1	Beschreibung des Fragebogens 34

       3.1.1   Beschreibung des Fragebogens 34

       3.1.2   Auswahl der Stichprobe 36

       3.1.3   Durchführung der Datenerhebung 37

  3.2   Stichprobenbeschreibung 38

       3.2.1   Demographische Daten 38

       3.2.2   Arbeitsplatzbezogene Daten 40

4   Ergebnisse 43

  4.1   Skalenanalyse 43

       4.1.1   Arbeitszufriedenheit 45

       4.1.2   Arbeitsmotivation 46

       4.1.3   Commitment 46

  4.2   Zweistichproben T-Test bei unabhängigen Stichproben 47

       4.2.1   Arbeitszufriedenheit 48

       4.2.2   Arbeitsmotivation 50

       4.2.3   Commitment 52

  4.3   Beurteilung von Teilzeitarbeit aus Sicht der teil- und vollzeitarbeitenden Führungskräfte 53

       4.3.1   Teilzeitbeschäftigte Führungskräfte 53

       4.3.2   Vollzeitbeschäftigte Führungskräfte 59

5   Diskussion 61

  5.1   Zentrale Ergebnisse 61

  5.2   Diskussion der Ergebnisse 62

  5.3   Diskussion der Methodik 69

6   Fazit 71

7   Literaturverzeichnis 73

8   Anhang 80

Abkürzungsverzeichnis

Abb.	Abbildung
Abs.	Absatz
BGB	Bürgerliches Gesetzbuch
BMWi	Bundesministeriums für Wirtschaft und Technologie
BRD	Bundesrepublik Deutschland
bzw.	beziehungsweise
ca.	circa
d.h.	das heißt
H	Hypothese
HADS	Hospital Anxiety and Depression Scale
IW	Institut der deutschen Wirtschaft
Kap.	Kapitel
n	Stichprobenumfang
Nr.	Nummer
NRW	Nordrhein-Westfalen
OCQ	Organizational Commitment Questionnaire
OECD	Organisation für wirtschaftliche Zusammenarbeit und Entwicklung
Sig.	Signifikanz
Tab.	Tabelle
TÜV	Technischer Überwachungs-Verein
TzBfG	Teilzeit- und Befristungsgesetz
u.a.	unter anderem
VDI	Verein Deutscher Ingenieure
vgl.	Vergleiche
z.B.	zum Beispiel

Darstellungsverzeichnis

Abbildung 1:	Was Arbeitnehmer mit dem Sabbatical verbinden
Tabelle 1:	Teilzeitquote nach Stellung im Betrieb
Tabelle 2:	Anteil Frauen und Männer an den Teilzeitbeschäftigten nach Stellung im Betrieb
Tabelle 3:	Altersteilzeit – Ein Auslaufmodell
Tabelle 4:	Demographische Daten
Tabelle 5:	Arbeitsplatzbezogene Daten
Tabelle 6:	Durchschnittliche Wochenarbeitsstunden der Teilzeitkräfte
Tabelle 7:	Durchschnittliche Wochenarbeitsstunden der Vollzeitkräfte
Tabelle 8:	Fallverarbeitung der Auswertung
Tabelle 9:	Reliabilität der Dimension Arbeitszufriedenheit
Tabelle 10:	Skala-Statistik der Dimension Arbeitszufriedenheit
Tabelle 11:	Reliabilität der Dimension Arbeitsmotivation
Tabelle 12:	Skala-Statistik der Dimension Arbeitsmotivation
Tabelle 13:	Reliabilität der Dimension Commitment
Tabelle 14:	Skala-Statistik der Dimension Commitment
Tabelle 15:	Gruppenstatistik des T-Tests der Dimension Arbeitszufriedenheit
Tabelle 16:	Levene-Test der Dimension Arbeitszufriedenheit
Tabelle 17:	T-Test der Dimension Arbeitszufriedenheit
Tabelle 18:	Gruppenstatistik des T-Tests der Dimension Arbeitsmotivation
Tabelle 19:	Levene-Test der Dimension Arbeitsmotivation
Tabelle 20:	T-Test der Dimension Arbeitsmotivation
Tabelle 21:	Gruppenstatistik des T-Tests der Dimension Commitment
Tabelle 22:	Levene-Test der Dimension Commitment
Tabelle 23:	T-Test der Dimension Commitment
Tabelle 24:	Teilzeitmodelle

Tabelle 25:	Gründe der Arbeitszeitreduzierung der teilzeitarbeitenden Führungskräfte
Tabelle 26:	Entscheidungszeit für die Arbeitszeitreduzierung
Tabelle 27:	Reaktionen der Kollegen
Tabelle 28:	Reaktionen der Vorgesetzten
Tabelle 29:	Unterstützung vom Vorgesetzten
Tabelle 30:	Beförderung
Tabelle 31:	Einschätzung der Aufstiegschancen
Tabelle 32:	Zufriedenheit mit der Arbeitszeitreduzierung
Tabelle 33:	Gründe für die Arbeitszeitreduzierung der Vollzeitkräfte
Tabelle 34:	Interesse an einer Arbeitszeitreduzierung der Vollzeitkräfte
Tabelle 35:	Einschätzung der Vollzeitkräfte auf die Aufstiegschancen bei Teilzeitarbeit

1 Einleitung

Das Teilzeit- und Befristungsgesetz (TzBfG) sichert seit Anfang 2011 allen Arbeitnehmern, unter gewissen Voraussetzungen, das Recht auf Teilzeit zu. Unter anderem soll dadurch eine bessere Vereinbarkeit von Beruf und Familie ermöglicht werden.

Teilzeitarbeit ist in Deutschland weit verbreitet, da das TzBfG auch für geringfügige Beschäftigungen, wie den „400-Euro-Job" gilt.

Die Studie der Unternehmensberatung Bain & Company zeigt, dass sich 94% der weiblichen und 78% der männlichen Spitzenkräfte für die Möglichkeit einer flexiblen Arbeitszeit interessieren. Dennoch nutzen davon aber nur die Hälfte der Frauen und ein Viertel der Männer entsprechende Angebote des Unternehmens.[1]

Der Wunsch nach Teilzeitarbeit ist auch in Führungspositionen angekommen. Jedoch vertreten immer noch viele Deutsche die Meinung, dass teilzeitbeschäftigte Mitarbeiter weder eine Karriere machen, geschweige denn Führungspositionen bekleiden können. Das Thema Life-Domain Balance und Teilzeitarbeit erhält aber längst verstärkten Einzug in deutsche Unternehmen. Das Angebot von Teilzeitmodellen soll dazu dienen, qualifizierte Mitarbeiter langfristig im Unternehmen zu halten.

In der heutigen Zeit der Globalisierung herrscht in Deutschland in vielen Bereichen Fachkräftemangel. Laut einer Studie des Ingenieurverbands VDI und des Instituts der deutschen Wirtschaft (IW) waren z.B. im Jahr 2010 mehr als 100.000 Ingenieurstellen unbesetzt. Dies hat die heimische Wirtschaft acht Milliarden Euro gekostet.[2] Arbeitgeber streben eine langfristige Bindung der qualifizierten Fachkraft an das Unternehmen an. Das Ausscheiden hoch qualifizierter Frauen und Männer aufgrund Schwangerschaft bzw. Kindeserziehung kann dem Unternehmen hohe Kosten, z.B. durch Neueinstellungen, verursachen. Denn auch bei den Vätern steigt der Wunsch, an der Kindeserziehung aktiv teilzunehmen.

---

[1] Vgl. Arbeitsrecht.de: Führungskräfte wollen Teilzeitangebote, 2011.
[2] Vgl. Spiegel.de: Ingenieurstellen, 2012.

Darüber hinaus ist das Streben nach einer besseren Life-Domain Balance stark gestiegen. Voltaire beschreibt das Gleichgewicht zwischen Beruf und Freizeit folgendermaßen:
„In der einen Hälfte des Lebens opfern wir die Gesundheit, um Geld zu erwerben; in der anderen opfern wir Geld, um die Gesundheit wieder zu erlangen. Und während dieser Zeit gehen Gesundheit und Leben von dannen."

Unternehmen haben den Konflikt zwischen Beruf und Familie oder Freizeit ihrer Mitarbeiter erkannt und bieten daher verstärkt Teilzeitmodelle an. Nur so können hochqualifizierte Fachkräfte an das Unternehmen gebunden und die „Ressource Personal" nachhaltig genutzt werden.

Bei Führungskräften stellt Teilzeitarbeit eine Seltenheit dar. Aufgrund mangelnder Datenerhebungen können zur Anzahl der teilzeitarbeitenden Führungskräfte keine exakten Werte genannt werden. Es gibt in Deutschland ca. 1,7 Millionen gehobene und höhere Angestellte, Beamte und Meister, die in Teilzeit arbeiten. Bei diesen Personen ist eine hohe Anzahl an Führungskräften zu vermuten.[3]
Das Thema Teilzeitarbeit bei Führungskräften ist noch nicht ausreichend erforscht worden.
Das Ziel der vorliegenden Arbeit ist zum einen die Einstellungen und Meinungen zum Thema Teilzeitarbeit von teil- und vollzeitbeschäftigten Führungskräften im öffentlichen Dienst zu analysieren. Zum anderen soll untersucht werden, ob mögliche Auswirkungen von Teilzeitarbeit, wie z.B. ein höheres Commitment oder eine höhere Arbeitszufriedenheit auch für teilzeitbeschäftigte Führungskräfte bestehen.

Es ergeben sich zwei wesentliche Fragestellungen:
1. Existieren Unterschiede zwischen den teil- und vollzeitbeschäftigten Führungskräften in Hinsicht auf Arbeitszufriedenheit, Arbeitsmotivation und Commitment?
2. Wie schätzen teil- und vollzeitbeschäftigte Führungskräfte die Karrierechancen von teilzeitbeschäftigten Führungspersonen ein?

---

[3] Vgl. Mücke: Teilzeitarbeitende Führungskräfte, 2005, S. 6 f.

Die Unterschiede von Arbeitszufriedenheit, Arbeitsmotivation und Commitment wurde mittels einer Vergleichsstudie untersucht. Es handelt sich dabei um eine schriftliche Befragung von Teil- und Vollzeitführungskräfte in Nordrhein-Westfalen. Zur Klärung der Ursachen-Wirkungsbeziehungen, welche hinter den Dimensionen Arbeitszufriedenheit, Arbeitsmotivation und Commitment stecken, wurden vorhandene theoretische Modelle erschöpfend recherchiert.

In den folgenden Kapiteln werden zunächst die theoretischen Grundlagen und Hintergründe sowie der aktuelle Stand der Forschung vorgestellt. Es erfolgt ein Einblick über die Verbreitung von Teilzeitarbeit in Deutschland. Darüber hinaus werden verschiedene Varianten von Teilzeitarbeit und die gesetzlichen Rahmenbedingungen erläutert. Die Auswirkungen von Teilzeitarbeit auf die Dimensionen Arbeitszufriedenheit, Arbeitsmotivation und Commitment finden einen weiteren Platz in der Literaturbesprechung. Anschließend werden die Hypothesen der Untersuchung vorgestellt.

In der methodischen Besprechung wird auf das methodische Vorgehen und auf den Aufbau des Untersuchungsgegenstandes eingegangen. Dies beinhaltet den Fragebogenaufbau, die Auswahl und Beschreibung der Stichprobe und die Durchführung der Datenerhebung.

Die anschließende Ergebnisdarstellung beschreibt und veranschaulicht die in der vorliegenden Studie erhobenen Daten. Dabei werden zuerst die Daten der Skalenanalyse vorgestellt. Es folgt die Gegenüberstellung der Dimensionen Arbeitszufriedenheit, Arbeitsmotivation und Commitment der beiden Stichprobengruppen. Die Ergebnisse der qualitativen Fragen zum Thema Teilzeitarbeit bilden den Abschluss der Ergebnisdarstellung.

Kritisch hinterfragt werden sowohl die Methodik als auch die Ergebnisse in der Diskussion. Hier erfolgt eine Stellungnahme zu einzelnen Faktoren der Methodenwahl und der Ergebnisse. Abschließend wird die Untersuchung zusammengefasst und ein Ausblick in die Zukunft gegeben.

2 Teilzeitarbeit – Theoretische Grundlagen

Dieses Kapitel gibt anhand relevanter Literatur einen kurzen Überblick in die Thematik der Teilzeitarbeit. Dabei wird zunächst der Begriff „Teilzeit" definiert und die Verbreitung der Teilzeitbeschäftigung in ganz Deutschland erörtert. Es folgt eine Schilderung über die Verbreitung von Teilzeitarbeit bei Führungskräften in Deutschland. Im nächsten Abschnitt werden einige gängige Varianten von Teilzeitarbeit vorgestellt und die gesetzlichen Rahmenbedingungen beleuchtet. Im Anschluss werden die unternehmensinternen und -externen Faktoren aufgezeigt, im Besonderen die internen und externen Auswirkungen von Teilzeitarbeit auf die Unternehmen und die Mitarbeiter. Zuletzt wird auf den derzeitigen Stand der Forschung eingegangen.

2.1 Definition von Teilzeitarbeit

Arbeitszeit kann in ihrer Lage (chronologische Aspekte) und in ihrer Dauer (chronometrische Aspekte) variieren. Bei einer Variation bezüglich chronologischer Aspekte kommt es zu einer Entflechtung von betrieblichen und individuellen Arbeitszeiten unter Beibehaltung der normalen Vollarbeitszeitdauer.[4] Werden die chronometrischen Aspekte variiert, verkürzt sich meistens die Arbeitszeit. Dies führt in den Bereich der Teilzeitarbeit. Diese beiden Variationsansätze können kombiniert werden. Dabei entsteht eine Vielzahl von Variationsmöglichkeiten. Vor allem bei einer Reduktion der chronometrischen Aspekte wird oft an Halbtagsarbeit gedacht. Dies suggeriert, dass der Mitarbeiter[5] einer Tätigkeit mit schlechter Bezahlung und wenig qualifizierten Aufgaben nachgeht. Um diese verkürzte Sichtweise bzw. die Vorurteile zu erweitern bzw. zu reduzieren ist im Rahmen von Kampagnen und Publikationen auch der Begriff „Mobilzeit" verwendet worden.[6]

Laut der Bundesagentur für Arbeit kann Teilzeitarbeit folgendermaßen definiert werden: Teilzeitbeschäftigt gelten Arbeitnehmer/Innen dann, wenn ihre regelmäßige Wochenarbeitszeit kürzer ist als die ihrer vollzeitbeschäftigten Kolleginnen. Vergleichsmaßstab ist dabei die betriebliche Ebene. Dies bedeutet z.B. in einem Betrieb mit einer Wochenarbeitszeitregelung von 38,5 Stunden, dass

---

[4] Mücke: Teilzeitarbeitende Führungskräfte, 2005, S. 3.
[5] Der Einfachheit halber wird in der Folge die männliche Form verwendet, wenngleich Männer und auch Frauen vertreten sind.
[6] Vgl. Mücke: Teilzeitarbeitende Führungskräfte, 2005, S. 3.

ein/eine Arbeitnehmer/In mit 35 Wochenstunden als teilzeitbeschäftigt gilt, während er/sie in einem Betrieb mit 35 Stunden Regelarbeitszeit vollzeitbeschäftigt wäre. Der Begriff der Teilzeitbeschäftigung richtet sich demnach ganz konkret nach der betrieblich vereinbarten Wochenarbeitszeit. Der Prozentsatz der Arbeitszeitverkürzung ist zwischen Arbeiternehmer/In und Arbeitgeber/In frei verhandelbar.[7]

Weiterhin ist auch ein Arbeitnehmer teilzeitbeschäftigt, der eine geringfügige Beschäftigung nach § 8 Abs. 1 Nr. 1 des Vierten Buches Sozialgesetzbuch ausübt.[8] Darunter fallen all diejenigen Personen, deren Arbeitsentgelt aus dieser Beschäftigung regelmäßig im Monat 400 Euro nicht übersteigt oder deren Beschäftigung innerhalb eines Kalenderjahres auf längstens zwei Monate oder 50 Arbeitstage begrenzt ist.

In den Bereich der Teilzeitarbeit fallen folglich alle Beschäftigten, die weniger Stunden als Vollzeitbeschäftigte arbeiten. Dabei ist es völlig irrelevant, ob der Beschäftigte einer geringfügigen Beschäftigung wie z.B. einem 400-Euro-Job nachgeht, oder eine Führungsposition mit reduzierter Stundenanzahl ausübt.

2.2 Verbreitung von Teilzeitarbeit

In diesem Kapitel wird die Verbreitung von Teilzeitarbeit in der Bundesrepublik Deutschland (BRD) vorgestellt. Zuallererst wird dabei die gesamtdeutsche Teilzeitquote von 1960 bis heute betrachtet, während im zweiten Abschnitt auf die Teilzeitquote bei Führungskräften eingegangen wird.

2.2.1 Verbreitung von Teilzeitarbeit in der Bundesrepublik Deutschland seit 1960

Die Bundesagentur für Arbeit (damals Bundesanstalt) hat ab dem Jahre 1960 in ihrer Beschäftigungsstatistik die Teilzeitquote der BRD, d.h. den Anteil der Teilzeitbeschäftigten aller abhängig Beschäftigten, erhoben. Seit dem Jahre 1960 ist die Anzahl der Teilzeitbeschäftigten in der BRD stetig gestiegen. Sind im Jahre 1960 lediglich 2,9% aller abhängig Beschäftigten teilzeitbeschäftigt gewesen, so hat die Teilzeitquote zehn Jahre später bereits 11,5% betragen. Danach ist die Teilzeitquote innerhalb von fünf Jahren zwar auf 8,3% gesunken,

---
[7] Vgl. Agentur für Arbeit: Teilzeitarbeit, 2011.
[8] Laux; Schlachter: Teilzeit- und Befristungsgesetz, 2007, S. 1.

ist aber bis 1985 wieder auf 9,1% angestiegen. In den darauffolgenden Jahren ist die Teilzeitquote bis zum Jahr 1999 um beinahe 7% auf 16% angestiegen. Im Jahr 2005 hat diese bei rund 19% gelegen.[9]
Das Statistische Bundesamt erfasst in dem jährlich durchgeführten Mikrozensus auch diejenigen, die nicht in einem sozialversicherungspflichtigen Arbeitsverhältnis beschäftigt sind. Demnach sind im Jahr 1991 14%, im Jahr 2000 20,6% und 2001 20,8% aller Beschäftigten teilzeitbeschäftigt gewesen. Am 22. März 2005 hat das Statistische Bundesamt die Ergebnisse des Mikrozensus 2004 vorgestellt. Rund 7,2 Millionen abhängig Beschäftigte haben ihre Tätigkeit als Teilzeitbeschäftigung eingestuft. Dies entspricht einer Teilzeitquote von ca. 23%. Im Gegenzug ist die Zahl der abhängig Vollzeitbeschäftigten im Zeitraum von 1991 bis 2004 um 17% auf 24,2 Millionen gesunken.[10]
Weiterhin kann die Teilzeitquote anhand von zwei Kriterien unterschieden werden. Zum einen gibt es bedeutende Unterschiede zwischen den alten und neuen Bundesländern, zum anderen stellt das Geschlecht eine entscheidende Rolle dar.[11] In den alten Bundesländern ist die Teilzeitbeschäftigung im Vergleich mit den neuen Bundesländern deutlich stärker verbreitet. Im Jahr 2005 ist die Teilzeitquote in den neuen Bundesländern mit 16% deutlich niedriger gewesen als im alten Bundesgebiet mit rund 24%.[12] Die Unterschiede zwischen Frauen und Männern sind allerdings weitaus größer als die geographischen Unterschiede. In den letzten Jahren ist die Anzahl der Teilzeitbeschäftigten besonders bei den Frauen enorm angestiegen.[13] Im Jahr 2004 hat die Teilzeitquote bei Frauen bei 42% gelegen. Damit stellen Frauen bereits zu diesem Zeitpunkt insgesamt 85% aller Teilzeittätigkeiten in abhängiger Beschäftigung dar. Besonders in Westdeutschland reduzieren bis doppelt so viele Frauen ihre Erwerbstätigkeit, im Vergleich zu ostdeutschen Frauen. Dies liegt in erster Linie daran, dass Frauen in Westdeutschland ihre Erwerbstätigkeit häufiger aufgrund der eigenen Kinderbetreuung einschränken.[14]
Die Teilzeitbeschäftigung ist, trotz eines leichten Anstiegs bei den Vätern, nach wie vor eine Domäne der Frauen, insbesondere von (westdeutschen) Müttern.

---

[9] Vgl. Laux; Schlachter: Teilzeit- und Befristungsgesetz, 2007, S 9.
[10] Vgl. Laux; Schlachter: Teilzeit- und Befristungsgesetz, 2007, S. 9 f.
[11] Vgl. Schmal: Teilzeitbeschäftigung, 1997, S. 32.
[12] Vgl. Mücke: Teilzeitarbeitende Führungskräfte, 2005, S. 4.
[13] Vgl. Straumann; Hirt; Müller: Teilzeitarbeit in der Führung, 1996, S. 28.
[14] Vgl. Laux; Schlachter: Teilzeit- und Befristungsgesetz, 2007, S. 10.

Während in Deutschland die Vollzeitquote der Väter mit 82% im März 2004 vergleichsweise hoch gewesen ist, hat deren Teilzeitquote bei nur 3% gelegen. Im Gegensatz zu den Müttern hat sich die Erwerbsbeteiligung von Vätern - unabhängig von Vollzeit- oder Teilzeittätigkeit ausgeübt - nur gering mit der Kinderzahl verändert. Das starke berufliche Engagement der Väter steht vermutlich mit dem in Deutschland weit verbreiteten konservativen Modell häuslicher Arbeitsteilung in Zusammenhang, nachdem Männer vorrangig die ökonomische Versorgung und Absicherung der Familie übernehmen.[15]

Aufgrund der Existenz verschiedener Ansätze zur Ermittlung der Teilzeitquoten variieren die Angaben je nach gewähltem Ansatz und sind so im europäischen oder weltweiten Vergleich nur bedingt direkt vergleichbar. Die OECD (Organisation für wirtschaftliche Zusammenarbeit und Entwicklung) nutzt den sogenannten Schwellenansatz und hat eine Schwelle von 30 Wochenarbeitsstunden zwischen Teilzeit und Vollzeit festgelegt. Dies bedeutet, dass jeder Beschäftigte mit weniger als 30 Wochenarbeitsstunden als Teilzeitbeschäftigter gilt, und jeder Beschäftigte über 30 Wochenarbeitsstunden folglich als Vollzeitbeschäftigter. Durch diesen Ansatz ist von der OECD im Jahre 2003 für Deutschland eine Teilzeitquote von 19,6% ausgewiesen worden. Dieser Wert ist etwas geringer als der des Statistischen Bundesamtes.[16]

2.2.2 Verbreitung von Teilzeitarbeit bei Führungskräften

In diesem Kapitel wird die Verbreitung von Teilzeitarbeit bei Führungskräften thematisiert. Eine exakte Angabe einer Teilzeitquote ist allerdings aus folgendem Grund nicht möglich. Obwohl vermehrt versucht wird auch Führungskräfte für Teilzeitarbeit zu gewinnen, werden keinerlei separate Teilzeitquoten über Führungskräfte in Teilzeitarbeit in offiziellen Statistiken ausgewiesen. Dies macht eine Angabe einer Teilzeitquote sehr schwierig. Allerdings gibt es zwei Ansätze, die mit einer unterschiedlichen Vorgehensweise versuchen eine Aussage über die Teilzeitquote bei Führungskräften zu treffen.[17]

Die erste Möglichkeit erlaubt eine Aussage aufgrund von getroffenen Rückschlüssen aus den Daten, des alle vier Jahre durchgeführten Mikrozensus.

---
[15] Laux; Schlachter: Teilzeit- und Befristungsgesetz, 2007, S. 10 f.
[16] Vgl. Mücke: Teilzeitarbeitende Führungskräfte, 2005, S. 4.
[17] Vgl. Mücke: Teilzeitarbeitende Führungskräfte, 2005, S. 5.

Dieser erfasst die Stellung der abhängig Beschäftigten im Betrieb. Im Jahr 2000 sind insgesamt 30.999.000 abhängig Beschäftigte ohne Ausbildung in Deutschland tätig gewesen. Davon entfallen auf einfache Angestellte, Beamte sowie angelernte Arbeitende insgesamt 22,1%. Rund 22,9% der abhängig Beschäftigten entfallen auf mittlere Angestellte, Beamte sowie Facharbeiter. Gehobene Angestellte und Meister und Beamte machen etwa 26,1% aus. Die letzte Gruppe setzt sich mit 16,7% aus den höheren Angestellten und Beamten zusammen.[18]

Anhand dieser Werte ist es nicht genau möglich zu definieren, wie viele Führungskräfte unter welche Kategorie fallen. Allerdings kann man davon ausgehen, dass zumindest in den letzten beiden Kategorien mehr Führungspositionen vertreten sind als z.B. bei den einfachen Angestellten. Abbildung 1 veranschaulicht, wie hoch die jeweilige Teilzeitquote in den vier Kategorien ist. Der herangezogene Schwellenwert für die Trennung zwischen Voll- und Teilzeit liegt bei 32 Wochenarbeitsstunden.[19]

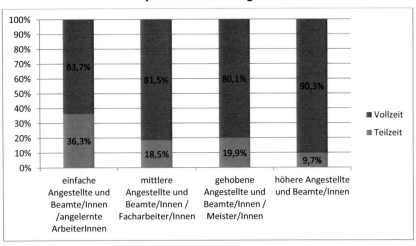

Tab. 1: Teilzeitquote nach Stellung im Betrieb (Quelle: Mücke, Mikrozensus, 2000, S. 6)

Während bei den einfachen Angestellten und Beamten sowie den angelernten Arbeitenden mehr als jede dritte Person in Teilzeit beschäftigt ist, sind es bei

---

[18] Vgl. Mücke: Teilzeitarbeitende Führungskräfte, 2005, S. 6.
[19] Vgl. Mücke: Teilzeitarbeitende Führungskräfte, 2005, S. 6.

den mittleren/gehobenen Angestellten und Beamten respektive Facharbeitern/Meistern nur noch knapp jede fünfte und bei den höheren Angestellten und Beamten nur noch jede zehnte Person.[20]
Wie bereits in Kapitel 2.2 beschrieben, stellen Frauen den größten Teil der Teilzeitbeschäftigten dar. Abbildung 2 visualisiert den jeweiligen Anteil von Frauen und Männern.

Anteil Frauen und Männer an diesen Teilzeitbeschäftigten

	einfache Angestellte und Beamte/Innen /angelernte ArbeiterInnen	mittlere Angestellte und Beamte/Innen / Facharbeiter/Innen	gehobene Angestellte und Beamte/Innen / Meister/Innen	höhere Angestellte und Beamte/Innen
Männer	17,3%	10,6%	10,4%	22,9%
Frauen	82,7%	89,4%	89,6%	77,1%

Tab. 2: Anteil Frauen und Männer an den Teilzeitbeschäftigten nach Stellung im Betrieb
(Quelle: Mücke, Mikrozensus, 2000, S. 6)

Bei den mittleren und gehobenen Beschäftigten macht der Anteil der Frauen beinahe 90% der Teilzeitbeschäftigten aus. Bei den einfachen Beschäftigten beträgt der Wert 82,7%. Am niedrigsten ist der Wert der Teilzeitbeschäftigten Frauen allerdings bei den höheren Angestellten und Beamten mit einem Anteil von 77,1%.[21] Gemessen an der Kategorie der höheren Angestellten kann man folgende numerischen Verteilungen berechnen. Rund 16,7% von 30.999.000 abhängig Beschäftigten entfallen auf die höheren Angestellten. Dies sind ca. 5.177.000 Beschäftigte. Von diesen 5.177.000 höheren Angestellten sind 9,7% teilzeitbeschäftigt. Damit beträgt die Anzahl der Teilzeitbeschäftigten höheren

---

[20] Vgl. Mücke: Teilzeitarbeitende Führungskräfte, 2005, S. 6.
[21] Vgl. Mücke: Teilzeitarbeitende Führungskräfte, 2005, S. 6 f.

Angestellten etwa 502.000. Von diesen 502.000 abhängig Beschäftigten entfallen 387.000 auf Frauen und folglich lediglich ca. 115.000 auf Männer. Einen weiteren Ansatz zeigt die Studie von Herbers (1999). Dabei wurden Aussagen über die Verbreitung von Teilzeitstellen bei Führungskräften, auf Basis der ausgeschriebenen Stellen in zwei überregionalen deutschen Tageszeitungen im Jahr 1991 und in vier überregionalen deutschen Tageszeitungen im Jahr 1996, getroffen. Alle ausgeschriebenen qualifizierten Teilzeitstellen, welche in den genannten Zeitschriften zu finden gewesen sind, sind ausgewertet worden. Dabei ist in Stellen der qualifizierten Sachbearbeitung mit und ohne Führungsverantwortung unterschieden worden und im Jahr 1991 sind lediglich 1,2% aller ausgeschriebenen Teilzeitstellen auf diesen Bereich entfallen. Fünf Jahre später hat der Anteil bei 15% gelegen; allerdings nur für den Bereich der qualifizierten Sachbearbeitungsstellen ohne Führungsposition. Weiterhin ist keine einzige Teilzeitstelle mit Führungsverantwortung von einem Unternehmen aus der Privatwirtschaft ausgeschrieben worden und lediglich 50 von 249 Teilzeitstellen sind aus diesem Bereich gestammt. Der überwiegend größte Teil aller Teilzeitarbeitsstellen haben Stellen im Hochschulbereich ausgemacht.[22]

Abschließend kann die Aussage getroffen werden, dass die Verbreitung von Teilzeitstellen mit Führungspositionen aufgrund des hohen Frauenanteils eher ein „Frauenphänomen" ist und vor allem in höher qualifizierten Beschäftigungen sehr gering ausfällt.[23] Insbesondere im öffentlichen Dienst ist die Anzahl an Teilzeitbeschäftigten mit Führungsposition im Vergleich zur Privatwirtschaft deutlich höher. Dies beschränkt sich größtenteils auf Stellen im Hochschulbereich.[24] Weiterhin ist das Fehlen einer separat ausgewiesenen Teilzeitquote für Beschäftigte mit Führungsposition besonders auffällig. Dies erschwert die exakte Angabe der Teilzeitquote von Führungskräften immens und bedarf genauerer Forschung.

2.3 Varianten von Teilzeitarbeit

Die verschiedenen Varianten von Teilzeitarbeit sind Gegenstand des folgenden Kapitels. Diese sind sehr flexibel und untereinander variierbar. Das führt dazu,

---

[22] Vgl. Mücke: Teilzeitarbeitende Führungskräfte, 2005, S. 7.
[23] Vgl. Mücke: Teilzeitarbeitende Führungskräfte, 2005, S. 7.
[24] Vgl. Mücke: Teilzeitarbeitende Führungskräfte, 2005, S. 8.

dass die Varianten der Teilzeitarbeit auf jegliche Bedürfnisse und Wünsche anwendbar sind und auch auf beinahe jede Art von Job und jede hierarchische Ebene. Teilzeit bietet somit für beinahe jeden die Möglichkeit seine Arbeitszeit zu reduzieren.

2.3.1 Einseitige Reduzierung

Im Bereich der Teilzeitarbeit gibt es mehrere verschiedene und flexibel variierbare Teilzeitvarianten. Die Gemeinsamkeit liegt bei allen in der unmittelbaren oder langfristigen Reduzierung der Arbeitszeit. Wird über eine Teilzeitstelle gesprochen, denken die wenigsten an Job-Sharing oder Altersteilzeit, sondern an eine reine Reduzierung der Arbeitszeit. Diese „konventionelle" Form von Teilzeitarbeit bildet die Basis, an der sich die anderen Varianten orientieren.

Bei einer einseitigen Reduzierung verringert eine Person ihre Stellenprozente. Dies geht mit einer Aufteilung und/oder Umstrukturierung der Arbeitsinhalte einher.[25] Durch die Reduzierung der Stellenprozente wird eine Vollzeitstelle in eine Teilzeitstelle umgewandelt. Die reduzierten Aufgaben können entweder in andere Stellen integriert oder gestrichen werden. Letzteres wäre für den Arbeitgeber die Chance überflüssige Aufgaben mit dem Ziel der Rationalisierung zu streichen. Wenn die reduzierten Stellenprozente in neue Beschäftigungsverhältnisse investiert werden, erzielt man einen Beschäftigungseffekt.[26]

2.3.2 Altersteilzeit

Durch die Altersteilzeit soll älteren Arbeitnehmern ein gleitender Übergang vom Erwerbsleben in die Altersrente ermöglicht werden, wobei der gleitende Übergang in den Ruhestand durch Förderleistungen der Bundesanstalt für Arbeit unterstützt worden ist. Dies ist durch das „neue" Altersteilzeitgesetz zur Förderung eines gleitenden Übergangs in den Ruhestand vom 23.Juli 1996 geschaffen worden.[27] Im Jahr 2009 ist die gesetzliche Förderung der Altersteilzeit allerdings ausgelaufen. Aufgrund der schrumpfenden Erwerbsbevölkerung müssen ältere Beschäftigte mittlerweile wieder länger arbeiten und damit ist die Altersteilzeitförderung im Jahr 2009 nicht mehr verlängert worden. Obwohl die

---

[25] Vgl. Mücke: Teilzeitarbeitende Führungskräfte, 2005, S. 11.
[26] Vgl. Mücke: Teilzeitarbeitende Führungskräfte, 2005, S. 11.
[27] Vgl. Pulte: Altersteilzeit, 2001, S. 3.

staatliche Förderung weggefallen ist, bedeutet dies nicht das Ende der Altersteilzeit. Auch weiterhin sind die Aufstockungsbeiträge des Arbeitsgebers und die Zusatzbeiträge zur Rentenversicherung beitragsfrei.[28]

Ähnlich dem Sabbatical gibt es zwei verschiedene Gestaltungsmöglichkeiten. Die erste sieht eine Reduzierung der wöchentlichen Arbeitszeit vor. Die Phase, in der die Arbeitszeit reduziert wird, nennt sich Gleitphase. Der Beschäftigte gleitet von seiner Vollzeitbeschäftigung über eine Teilzeitbeschäftigung in die Rente. Das Altersteilzeitgesetz hat alle Beschäftigten ab 55 Jahren gefördert, wenn die Arbeitszeit mindestens um die Hälfte reduziert worden ist und eine Neuanstellung erfolgt ist. Die zweite Variante nennt sich Altersfreizeit. Der Beschäftigte reduziert seine Arbeitszeit um einen bestimmten Wert und erhält folglich auch ein verringertes Gehalt. Dabei arbeitet der Beschäftigte in Vollzeit weiter und „spart" sich damit Zeit auf, um entsprechend früher in Rente gehen zu können. Diese Variante gleicht dem des Sabbatical (s. Kap. 2.3.4).

Um die beiden Varianten der Altersteilzeit attraktiv wirken zu lassen, hat das Gesetz dem Beschäftigten mindestens 70% des letzten Nettogehalts und 90% der Rentenversicherungsbeiträge garantiert.[29] Nach dem Willen des Gesetzgebers hat das Altersteilzeitgesetz darauf abgezielt, eine Frühverrentung zu Lasten der Solidargemeinschaft zu verhindern und eine sozialverträgliche Alternative für Personalanpassungsmaßnahmen zu bieten.[30] Das heißt, den älteren Arbeitnehmern sollte ein verlockendes Angebot unterbreitet werden, um Platz für den Nachwuchs zu schaffen.

---

[28] Vgl. Nimscholz; Oppermann; Ostrowicz: Altersteilzeit, 2008, S. 27.
[29] Vgl. Mücke: Teilzeitarbeitende Führungskräfte, 2005, S. 10.
[30] Vgl. Welslau: Altersteilzeit, 2000, S. 5.

Altersteilzeit: Ein Auslaufmodell

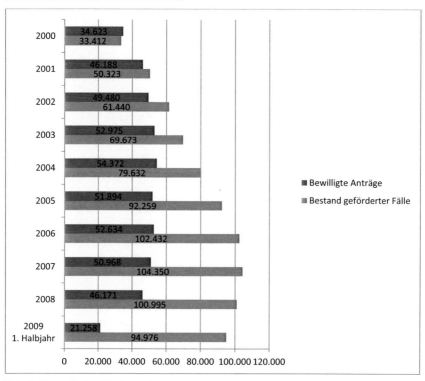

Tab. 3: Altersteilzeit – Ein Auslaufmodell (Quelle: Institut der deutschen Wirtschaft Köln, Altersteilzeit, 2009)

Abbildung 3 visualisiert den Bestand aller geförderten Fälle und der bewilligten Anträge in den Jahren 2000 bis zum Auslaufen der Förderung im ersten Halbjahr 2009. Im Jahr 2000 hat der Bestand geförderter Fälle bei 33.412 gelegen. Gleichzeitig sind allein in diesem Jahr 34.623 neue Anträge bewilligt worden. In den darauffolgenden Jahren ist die Anzahl der jährlichen Anträge und damit auch der Bestand geförderter Fälle kontinuierlich angestiegen. Mit insgesamt 54.372 hat es im Jahr 2004 die höchste Anzahl neu bewilligter Anträge gegeben. Diese Zahl ist bis 2008 zwar leicht abgesunken, ist aber trotzdem bei über 46.000 jährlich neu bewilligten Anträgen geblieben. Dementsprechend ist auch der Bestand geförderter Fälle stark angestiegen. Die Höchstzahl an gleichzeitigen Förderungen hat im Jahr 2007 bei 104.350 gelegen. Im Jahr 2009 ist die gesetzliche Förderung zum zweiten Halbjahr ausgelaufen und folglich ist auch die Anzahl neu bewilligter Anträge auf 21.258 im ersten Halbjahr gesunken. Der Bestand geförderter Fälle hat zu diesem Zeitpunkt bei 94.976 gelegen. Die bereits geförderten Fälle sind weiter bis zum Renteneintritt der Altersteilzeitbeschäftigten gelaufen.

Anhand dieser Zahlen kann man erkennen, dass vor allem bis Mitte des Jahrzehnts ein hohes Interesse an der Altersteilzeit bestand. Durch das Auslaufen der gesetzlichen Förderung hat dies zwar stark nachgelassen, dennoch wird dieses Instrument auch heute noch häufig eingesetzt, selbst bei Führungskräften. Es kann nicht generell gesagt werden, ob sich die Altersteilzeit für jeden lohnt. Vorher bedarf es einer genauen Ermittlung und Berechnung des Sachverhalts.[31] Nach dem Ende der gesetzlichen Förderung ist dabei vor allem die Bereitschaft des Arbeitgebers zur Aufstockung des Gehalts sowie Zahlung von zusätzlichen Rentenbeiträgen entscheidend.

2.3.3 Job-Sharing

Der Begriff Job-Sharing stammt aus den USA und bedeutet ursprünglich nach Olmsted (1977) die freiwillige Aufteilung einer Vollzeitstelle zwischen zwei Personen mit gemeinsamer Verantwortung. Neuere Definitionen erweitern dies und verstehen Job-Sharing als Sammelbegriff für verschiedene Varianten der Aufteilung von Arbeitszeit und Arbeitsaufgaben, die nicht nur auf zwei Personen beschränkt sein muss.[32] Job-Sharing kann mit Arbeitsplatzteilung übersetzt werden. Der englische Begriff hat sich auch in Deutschland durchgesetzt und wird hierzulande nicht auf Deutsch übersetzt. In Deutschland wird das Job-Sharing-Modell seit den 80er Jahren umgesetzt.[33]

Job-Sharing kann sehr flexibel eingesetzt und variiert werden. Es können zwei Extreme aufgezeigt werden, zwischen denen durch individuelle Absprachen eine individuelle Vereinbarung gefunden werden kann. Die zwei Varianten nennen sich Job-Splitting und Job-Pairing. Beim Job-Splitting werden alle Aufgaben und Pflichten der Vollzeitstelle untereinander aufgeteilt. Jeder Beteiligte ist dann in seiner Arbeitszeit lediglich für seine Aufgaben zuständig und nicht für die der anderen Beschäftigten. Bei der zweiten Variante, dem Job-

---

[31] Vgl. Welslau: Altersteilzeit, 2000, S. 6.
[32] Mücke: Teilzeitarbeitende Führungskräfte, 2005, S. 11.
[33] Vgl. Simon: Flexible Arbeitszeit, 2006, S. 83.

Pairing, werden nicht die Inhalte aufgeteilt, sondern die Vollzeitstelle wird rein zeitlich geteilt. Alle Beschäftigten sind dementsprechend für sämtliche Aufgaben und Pflichten mitverantwortlich und erledigen alle anfallenden Aufgaben in ihrer jeweiligen Arbeitszeit. Die unterschiedlichen Kombinationsmöglichkeiten können dann in unterschiedlichen Stellenprozenten, ungleichen Qualifikationsprofilen oder starren und flexiblen Modellen liegen.[34]

Der Vorteil des Job-Sharing Modells liegt in der Gewinnung von Zeitsouveränität für die Beschäftigten. Dadurch können z.B. die Kindererziehung oder andere familiäre Pflichten besser in den Alltag integriert werden, was mit einer Verbesserung der Work-Life-Balance einhergeht.[35] Die Vorteile für das Unternehmen, im Vergleich zu einseitig reduzierten Arbeitszeiten, liegen darin, dass der Arbeitsplatz ganztags besetzt ist, die Partner/innen ihre Aufgaben selbstständig koordinieren und sich die Motivation und Produktivität der Mitarbeiter erhöht.[36]

Mögliche Nachteile sind bei den Kombinationsmöglichkeiten zu finden. Die Kommunikation untereinander muss stimmen, um eine effektive Bearbeitung der Aufgaben zu gewährleisten.[37] Bei mangelhafter Kommunikation kann die Motivation und Produktivität der Beschäftigten negativ beeinflusst werden. Weiterhin ist zu beachten, dass Vertretungspflichten in diesen Modellen zu einer Art Abrufbereitschaft führen können. Dies liegt an der engen Verbindung zwischen den Arbeitnehmern, die sich eine Vollzeitstelle teilen.[38]

Das Job-Sharing Modell ist durch seine Flexibilität ebenso in höheren hierarchischen Ebenen für Führungskräfte einsetzbar.

2.3.4 Sabbatical

Das Sabbatical ist eine besondere Form der Teilzeit und lässt sich in zwei Phase aufteilen, der Arbeits- und der Freistellungsphase. Der Beschäftigte arbeitet in der Arbeitsphase Vollzeit weiter, bekommt aber nur ein Teilzeitgehalt. Dadurch wird auf einem Langzeitkonto Zeit angespart und sobald genug Zeit gespart worden ist, kann der Mitarbeiter für das gleiche Gehalt eine bestimmte vorher festgelegte Auszeit nehmen. Diese Auszeiten liegen zeitlich meistens

---

[34] Vgl. Mücke: Teilzeitarbeitende Führungskräfte, 2005, S. 11; Thiele: Work-Life-Balance, 2009, S. 80; Weber: Arbeitsrecht, 2007, Stuttgart.
[35] Vgl. Simon: Flexible Arbeitszeit, 2006, S. 83.
[36] Vgl. Mücke: Teilzeitarbeitende Führungskräfte, 2005, S. 11.
[37] Vgl. Müller; Schönheid: Teilzeitarbeit, 2007, S. 62.
[38] Vgl. Simon: Flexible Arbeitszeit, 2006, S. 84.

zwischen drei und zwölf Monaten und werden individuell mit dem Arbeitgeber abgesprochen.[39]

Der Grund für eine Auszeit des Arbeitsnehmers kann vielfältig sein. Für Menschen, die ausgebrannt und motivationslos sind, kann diese Auszeit die Chance sein, Kraft nachzutanken und zu regenerieren. Ein Sabbatical kann auch dazu genutzt werden, unerfüllten Wünschen nachzugehen oder sich weiterzubilden.[40]

Was Arbeitnehmer mit dem Sabbatical verbinden:

- 19% wünschen sich eine Auszeit von bis zu drei Monaten
- 36% von bis zu sechs Monaten und
- 39% von bis zu zwölf Monaten Dauer
- 35% wollen eine Reise oder lange Urlaub machen
- 64% wollen sich beruflich weiterbilden, ein Buch schreiben oder ein Haus bauen

---

Abbildung 1: Was Arbeitnehmer mit dem Sabbatical verbinden (Quelle: Pohl, BMWi Umfrage, 2001, S. 121)

Eine Umfrage im Jahr 2001 des Bundesministeriums für Wirtschaft und Technologie (BMWi / Abbildung 4) hat ergeben, dass 19% aller befragten Arbeitnehmer sich eine Auszeit von bis zu drei Monaten wünschen. 36% wünschen sich eine Auszeit bis zu sechs Monaten und 39% bis zu zwölf Monaten Dauer. Die Gründe sind vielfältig und reichen von dem einfachen Wunsch, einen langen Urlaub machen zu wollen über den Wunsch ein Buch zu schreiben oder einem Hausbau bis hin zu einer beruflichen Weiterbildung.

Ein Sabbatical ist zwar auch heute noch eher die Ausnahme als die Regel, aber in den letzten Jahren ist diese Variante der Teilzeitarbeit auch in die traditionellen Branchen vorgedrungen. Umfragen haben gezeigt, dass bis zu 70% der Deutschen gerne eine Auszeit nehmen würden.[41] Seitens des Arbeitgebers gibt es aber große Diskrepanzen bei der Frage, ob ein Sabbatical wirklich die Motivation und Produktivität eines Arbeitnehmers steigern kann. 80% der Personalverantwortlichen gehen davon aus, dass das Sabbatjahr keine Auswirkung auf die Motivation hat. Rund 56% der Personalverantwortlichen denken

---

[39] Vgl. Pohl: Auszeit ohne Risiko, 2004, S. 120 f.; Despeghel: Lust auf Leistung, 2005, S. 177.
[40] Vgl. Pohl: Auszeit ohne Risiko, 2004, S. 120 f.; Hoos: Lehrersabbaticals, 2009, S. 152 f.
[41] Vgl. Reuther: Berufliche Auszeit, 2005, S. 40 f.

sogar, dass die Mitarbeiter nach ihrer Auszeit Integrationsprobleme bekommen könnten. Bei Arbeitnehmern existieren dahingegen einige Ängste und Befürchtungen, welche häufig in der geringen Anzahl von Anträgen für ein Sabbatjahr begründet liegen. Zum einen wird der Wunsch nach Auszeit oft als Faulheit und das Sabbatjahr als reiner Müßiggang angesehen. Zum anderen schreckt die hohe Wahrscheinlichkeit ab, dass der Mitarbeiter bei seiner Rückkehr einen anderen Arbeitsplatz erhält als er früher innegehabt hat.[42]

Einen Rechtsanspruch auf ein Sabbatjahr haben in Deutschland lediglich die Beamten. Dieser Rechtsanspruch ist seit 1998 gültig und bietet den Beamten die Möglichkeit für eine Dauer von drei bis sieben Jahren ihre Arbeitszeit auf zwei Drittel bis sechs siebtel zu reduzieren, um im Anschluss ein ganzes Jahr vom Dienst freigestellt zu werden. Dies eignet sich vor allem für Lehrer, die oftmals besonders vom Burn-Out Syndrom betroffen sind.[43]

Bei dieser Teilzeitvariante muss weiterhin beachtet werden, dass eine langfristige Planung notwendig ist. Für Menschen, die nicht in drei Jahren eine Auszeit planen, sondern sofort eine Auszeit nehmen möchten, ist die Variante des Sabbatical mit einem Langzeitkonto nicht geeignet. Grundsätzlich eignet sich diese Teilzeitvariante für jeden Mitarbeiter. Die Verwirklichung liegt hier vor allem an der benötigten Akzeptanz seitens des Arbeitgebers und der Durchsetzungskraft seitens des Mitarbeiters.

2.4 Gesetzliche Rahmenbedingungen - Teilzeit- und Beschäftigungsgesetz

Diverse Gesetze, Tarifverträge, Betriebsvereinbarungen und Frauenförderpläne enthalten Regelungen zur Teilzeitarbeit (auch oder speziell im Management). Zum einen soll dadurch der Zugang zu dieser besonderen Arbeitszeitregelung erleichtert werden, zum anderen steht die Gleichbehandlung bereits existierender Teilzeit-Arbeitsverhältnisse im Mittelpunkt der Vorschriften.[44] Da die gesetzlichen Rahmenbedingungen eine besonders wichtige Stellung im Thema Teilzeitarbeit einnehmen, erfolgt in diesem Kapitel eine Einführung in die

---

[42] Vgl. Pohl: Auszeit ohne Risiko, 2004, S. 121 f.
[43] Vgl. Reuther: Berufliche Auszeit, 2005, S. 40 ff.
[44] Vedder; Vedder: Reduzierung der Arbeitszeit, 2008, S. 427 ff.

gesetzlichen Rahmenbedingungen dieser Thematik. Dies geschieht durch die Vorstellung des aktuell gültigen TzBfG und dessen Paragraphen.

Das TzBfG ist am 21. Dezember 2000 beschlossen worden und ist zum 01.01.2001 in Kraft getreten. Das Bürgerliche Gesetzbuch (BGB) ist es definiert als "Teilzeit- und Befristungsgesetz vom 21. Dezember 2000 (BGBl. I S. 1966), das zuletzt durch Artikel 23 des Gesetzes vom 20. Dezember 2011 (BGBl. I S. 2854) geändert worden ist." Mit diesem Gesetz ist gleichzeitig die EG-Teilzeitrichtlinie 97/81 umgesetzt worden. Die deutsche Regelung geht aber deutlich über die europäischen (Mindest-)Vorgaben hinaus.[45]

Das TzBfG legt die Rahmenbedingungen von Teilzeitarbeit und befristete Verträgen fest. Da befristete Verträge für diese Untersuchung nicht relevant sind wird in diesem Abschnitt nur auf die für Teilzeitarbeit relevanten Paragraphen eingegangen.

Zunächst werden die Voraussetzungen für einen Anspruch auf Teilzeitarbeit, die Zielsetzung des Gesetzes und die Definition des teilzeitbeschäftigten Arbeitnehmers vorgestellt. Danach wird auf das Verbot der Diskriminierung, das Benachteiligungsverbot und die Förderung von Teilzeitarbeit eingegangen, bevor zuletzt die Kritik am TzBfG genannt wird.

2.4.1 Voraussetzungen für Teilzeitarbeit

Das TzBfG beinhaltet einige Voraussetzungen, die erfüllt sein müssen, damit ein Arbeitnehmer Anspruch auf eine Reduzierung der Arbeitszeit hat. Im TzBfG ist ein grundsätzlicher Anspruch auf Verringerung der Arbeitszeit für jeden Arbeitnehmer verankert. Trotzdem stellt z.B. der § 8 TzBfG nach dem Willen des Gesetzgebers eine gewollte Privilegierung der Arbeitnehmer da, ohne jegliche Abweichung. Dies bedeutet, dass die aus dem Gesetz resultierenden Ansprüche weder eingeschränkt noch durch freie Vereinbarungen ersetzt werden können. Somit wird verhindert, dass der Arbeitgeber eigene Vorschläge vorlegt, die nicht den Vorschriften des Gesetzgebers entsprechen um so den Arbeitnehmer zu schützen.[46]

Die wichtigste Voraussetzung ist, dass das Unternehmen bzw. der Arbeitgeber, regelmäßig mehr als 15 Arbeitnehmer beschäftigt. Nach dem „Kopf-Prinzip" ist

---

[45] Rambach: Teilzeit, 2010, S. 14.
[46] Vgl. Rambach: Teilzeit, 2010, S. 14; Lüders: Teilzeitarbeit, 2007, S. 49 ff.

nur die Anzahl der Mitarbeiter entscheidend und z.B. nicht die jeweils zu leistende Stundenzahl. Die zum Zeitpunkt des Antrags beschäftigte Arbeitnehmerzahl sowie die Bezugsgröße des Arbeitsgebers ist daher maßgeblich und nicht der einzelne Betrieb. Beschäftigt der Arbeitgeber in allen seinen inländischen Betrieben mehr als 15 Mitarbeiter, besteht für den Arbeitnehmer Anspruch auf Teilzeitarbeit.[47]

Eine weitere Voraussetzung ist die Dauer des Arbeitsverhältnisses. Der Arbeitnehmer muss zu dem Zeitpunkt, an dem er seinen Anspruch geltend machen möchte, einen noch mindestens sechs Monate gültigen Arbeitsvertrag vorweisen können.[48]

Die dritte wichtige Voraussetzung ist die Antragsfrist. Der Arbeitnehmer muss seinen Wunsch, Stunden zu reduzieren, spätestens drei Monate vor dem gewünschten Beginn einreichen. Der Teilzeitantrag wird durch eine Nichteinhaltung der Antragsfrist zwar nicht ungültig, aber der früheste Eintritt in die Teilzeitbeschäftigung ist dann nicht mehr zum Wunschtermin möglich. Der Eintrittstermin verschiebt sich um die Anzahl der verspäteten Tage nach hinten.[49]

Werden die genannten Voraussetzungen vom Arbeitnehmer sowie Arbeitgeber erfüllt, hat der Arbeitnehmer gemäß TzBfG Anspruch auf Reduzierung seiner Arbeitszeit.

2.4.2 Zielsetzungen

Der § 1 des TzBfG entspricht der Allgemeinen Vorschrift des Gesetzgebers zur folgenden Zielsetzung des Gesetzes:

Ziel des Gesetzes ist, Teilzeitarbeiten zu fördern, die Voraussetzungen für die Zulässigkeit befristeter Arbeitsverträge festzulegen und die Diskriminierung von teilzeitbeschäftigten und befristet beschäftigten Arbeitnehmern zu verhindern. Bei der Ausweitung von Teilzeitarbeit ist somit gewährleistet, dass ein adäquates Gleichgewicht zwischen Arbeitgeber- und Arbeitnehmerinteressen herrscht und eingehalten wird.[50]

---

[47] Vgl. Rambach: Teilzeit, 2010, S. 15.
[48] Vgl. Rambach: Teilzeit, 2010, S. 15 f.
[49] Vgl. Rambach: Teilzeit, 2010, S. 16.
[50] Vgl. Rambach: Teilzeit, 2010, S. 14; Sandner: Teilzeitarbeit, 2008, S. 5.

Damit sollen die Regelungen
- die Akzeptanz bei Arbeitgebern und Arbeitnehmern für Teilzeitarbeit erhöhen,
- durch den Ausbau von Teilzeitarbeitsmöglichkeiten neue Beschäftigung schaffen,
- Diskriminierung von Teilzeitbeschäftigten verhindern und
- den Wechsel von einem Vollzeit- in ein Teilzeitarbeitsverhältnis oder umgekehrt erleichtern.[51]

Die allgemeine Vorschrift des Gesetzgebers begründet keine individuellen Rechte und Pflichten, kann aber eine richtungsgebende Bedeutung entfalten. Vor allem ist hier der explizite Hinweis zur Förderung der Teilzeitarbeit hervorzuheben. Dies ist mit den arbeitsmarktpolitischen Hoffnungen des Gesetzgebers zu erklären. Dessen Hoffnung besteht darin, dass durch eine Umverteilung vorhandener Arbeit auf mehr Personen, die Arbeitslosigkeit zurückgedrängt werden kann.[52]

Auf die einzelnen Aspekte dieser Vorschrift wird in den folgenden Kapiteln detaillierter eingegangen. Jedoch macht bereits der § 1 - Zielsetzung des TzBfG Befristungsgesetzes deutlich, dass das Gesetz der Teilzeitarbeit sehr positiv gegenüber steht.

2.4.3 Verbote der Diskriminierung und Benachteiligung

§ 4 und 5 des TzBfG beinhalten das Verbot der Diskriminierung und das Benachteiligungsverbot.

Das Verbot der Diskriminierung ist eine der wichtigsten Vorschriften für Teilzeitbeschäftigte. Demnach dürfen Arbeitgeber teilzeitbeschäftigte Arbeitnehmer im Vergleich zu vollzeitbeschäftigten Mitarbeitern nicht benachteiligt werden. Gemäß § 4 TzBfG bezieht sich dies auf Arbeitsentgelte oder andere teilbare geldwerte Leistungen. Diese sind dem Teilzeitbeschäftigten mindestens in dem Umfang zu gewähren, der dem Anteil seiner Arbeitszeit, an der Arbeitszeit eines vergleichbaren Vollzeitbeschäftigten Arbeitnehmers entspricht. Nur durch

---

[51] Rambach: Teilzeit, 2010, S. 14.
[52] Vgl. Laux; Schlachter: Teilzeit- und Befristungsgesetz, 2007, S. 31.

ein Vorliegen dringender betrieblicher Gründe kann das Arbeitsentgelt eingeschränkt werden.

Die Vorschrift gilt auch für den beruflichen Aufstieg und die berufliche Qualifizierung. Ergänzend verpflichtet das Gesetz (§ 10 TzBfG) den Arbeitgeber, für Teilzeitkräfte die gleichen Möglichkeiten zur beruflichen Weiterbildung oder zum Aufstieg zu gewährleisten wie Vollzeitbeschäftigten Arbeitnehmern. Auch hier gilt wieder die Einschränkung, dass sachliche Gründe eine unterschiedliche Behandlung rechtfertigen können, wie z.b. geringere Qualifikation oder Berufserfahrung.

Das Benachteiligungsverbot (§ 5 TzBfG) besagt, dass der Arbeitgeber den Arbeitnehmer wegen der Inanspruchnahme von Rechten nach diesem Gesetz nicht benachteiligen darf.

Diese drei Paragraphen stärken in besonderem Maße die Rechte von Teilzeitkräften. Weder finanziell, noch bei beruflichen Weiterbildungen oder Beförderungen darf der Arbeitgeber aufgrund einer Teilzeittätigkeit den Arbeitnehmer benachteiligen. Trotz diesen im Gesetz verankerten Vorschriften, wird Teilzeitarbeit im Vergleich zu einer Vollzeitbeschäftigung oft als Karrierebremse wahrgenommen.[53] Hierbei sind vor allem die Einschränkungen der sachlichen und betrieblichen Gründe zu nennen. Die Angst vor Konsequenzen, der Aufwand und die Kosten einer Klage führen selbst für offensichtlich benachteiligte Arbeitnehmer in der Praxis zu einer hohen Hemmschwelle.[54]

2.4.4 Förderung von Teilzeitarbeit

Laut § 6 TzBfG heißt es: Der Arbeitgeber hat den Arbeitnehmern auch in leitender Position, Teilzeitarbeit nach Maßgabe der Gesetze zu ermöglichen.

Es handelt sich dabei um einen unverbindlichen Appell ohne anspruchsbegründende Wirkung, aber mit klarstellender Funktion. Da Teilzeitarbeit in der Praxis bisher überwiegend in geringer qualifizierten Tätigkeiten und hauptsächlich von Frauen verrichtet wird, soll durch § 6 des TzBfG die positive Wirkung individueller Arbeitszeitverkürzungen in höher qualifizierten Berufsfeldern gewürdigt werden.[55]

---

[53] Vgl. Mücke: Teilzeitarbeitende Führungskräfte, 2005, S. 15.
[54] Vgl. Mücke: Teilzeitarbeitende Führungskräfte, 2005, S. 1 f.
[55] Laux; Schlachter: Teilzeit- und Befristungsgesetz, 2007, S. 111.

Der Gesetzgeber verspricht sich durch die explizite Nennung von Teilzeitarbeit in leitenden Funktionen einen arbeitsmarktpolitischen Beschäftigungseffekt durch Teilzeitarbeit auszulösen. Die Arbeitgeber sollen folglich durch organisatorische Maßnahmen dafür sorgen, dass alle hierarchischen Ebenen des Unternehmens Teilzeitarbeit in Anspruch nehmen.

2.5 Auswirkungen von Teilzeitarbeit auf die Mitarbeiter und die Behörde

Bezug nehmend auf die vorher beschriebenen verschiedenen Teilzeitmodelle werden in diesem Kapitel nun die Auswirkungen dieser Teilzeitmodelle auf die Aspekte Life-Domain Balance, Arbeitsmotivation, Arbeitszufriedenheit und Commitment in Hinsicht auf die Mitarbeiter und die Behörde geschildert.

2.5.1 Life-Domain Balance

Seit dem letzten Jahrzehnt zeichnet sich ein klarer Trend in der Gesellschaft zu dem Wunsch nach einem selbstbestimmten, erfüllten Leben ab. Nicht nur die Freizeit, sondern auch die Arbeitsstelle spielt dabei eine wichtige Rolle. Der Trend zu mehr Lebensqualität ist zwar nicht neu, hat aber erst in den letzten Jahren an Aktualität gewonnen.[56] Alltagssprachlich wird häufig der populärere Begriff Work (Arbeit)- Life (Leben) -Balance (Gleichgewicht) genutzt. Der neuere Begriff Life-Domain (Lebensbereiche) Balance (Gleichgewicht) postuliert im Gegensatz zu Work-Life Balance, dass die Arbeit ein Teil des Lebens ist. Es handelt sich dabei um den Zusammenhang von beiden Lebensbereichen, der Arbeits- und der Lebenswelt.[57] Dennoch sind heute beide Begriffe geläufig und unterscheiden sich inhaltlich nicht voneinander.

Das Bundesministerium für Familie, Senioren, Frauen und Jugend definiert Work-Life-Balance folgendermaßen:

Work-Life-Balance bedeutet eine neue, intelligente Verzahnung von Arbeits- und Privatleben vor dem Hintergrund einer veränderten und sich dynamisch verändernden Arbeits- und Lebenswelt. Betriebliche Work-Life-Balance Maß-

---

[56] Vgl. Michalk; Nieder: Erfolgsfaktor Work-Life-Balance, 2007, S. 11.
[57] Vgl. Michalk; Nieder: Erfolgsfaktor Work-Life-Balance, 2007, S. 11.; Uhle; Treier: Gesundheitsmanagement, 2011, S. 372.

nahmen zielen darauf ab, erfolgreiche Berufsbiografien unter Rücksichtnahme auf private, soziale, kulturelle und gesundheitliche Erfordernisse zu ermöglich.[58] Durch diese Definition wird deutlich, dass Freizeit nicht der Arbeit anstehen oder als Ausgleich für anstrengende Arbeit gesehen werden sollte. Eine Balance zwischen den verschiedenen Lebensbereichen ist die Voraussetzung für Gesundheit, Ausgeglichenheit, Motivation und Leistungsfähigkeit.[59] Das Unternehmen und die Gesellschaft können den Mitarbeiter zwar durch Work-Life-Balance Maßnahmen unterstützen, dennoch ist dieser für das Gleichgewicht selbst verantwortlich.[60] Für das Unternehmen bieten die unterstützenden Life-Domain Balance Maßnahmen einerseits die Chance Fehlzeiten sowie und Fluktuationen zu senken um damit Kosten einzusparen und andererseits die Produktivität und Leistungsfähigkeit zu steigern. In der Praxis ist bestätigt worden, dass der Nutzen von Life-Domain Balance Maßnahmen die Kosten deutlich übersteigt. Allerdings reagiert nicht jeder Mitarbeiter in der gleichen Art und Weise auf die Maßnahmen, weil jeder Mitarbeiter verschiedene Voraussetzungen und ein individuelles Leben mit variierenden Prämissen hat.[61]

Ein Gleichgewicht der Life-Domains fördert das Commitment seitens der Mitarbeiter. Zufriedene und ausgeglichene Mitarbeiter entwickeln durch die Life-Domain Balance Maßnahmen eine engere Bindung zum Unternehmen. Vor allem höher qualifizierte Mitarbeiter können somit an das Unternehmen gebunden werden, was wiederum zu niedrigeren Fluktuationskosten führt.[62]

Zusammenfassend bietet Teilzeitarbeit die Möglichkeit für ein besseres Gleichgewicht der verschiedenen Lebensbereiche und einer höheren Life-Domain Balance. Dies wirkt sich positiv auf die Produktivität und das Commitment aus und nutzt folglich auch dem Unternehmen. Allerdings werden die meisten Unternehmen von anfänglichen Investitionskosten abgeschreckt und entscheiden sich gegen Life-Domain Balance Maßnahmen.

---

[58] Vgl. Bundesministerium für Familie, Senioren, Frauen und Jugend, zitiert nach Michalk; Nieder: Erfolgsfaktor Work-Life-Balance, 2007, S. 22.
[59] Vgl. Michalk; Nieder: Erfolgsfaktor Work-Life-Balance, 2007, S. 23.
[60] Vgl. Michalk; Nieder: Erfolgsfaktor Work-Life-Balance, 2007, S. 29 ff.; Ulich; Wiese: Life Domain Balance, 2011, 218 f.
[61] Vgl. Michalk; Nieder: Erfolgsfaktor Work-Life-Balance, 2007, S. 34 ff.; Kaiser; Ringlstetter: Work-Life-Balance, 2010, S. 68 ff.
[62] Vgl. Michalk; Nieder: Erfolgsfaktor Work-Life-Balance, 2007, S. 41 f.

2.5.2 Arbeitszufriedenheit

Kaum ein Konstrukt ist in so kurzer Zeit so intensiv beforscht worden, wie die Arbeitszufriedenheit.[63] Die Anzahl der Untersuchungen zu dieser Thematik wird auf weit mehr als 10.000 geschätzt. Während die Bedeutung in der psychologischen Forschungsliteratur ständig abnimmt, steigt die Bedeutung in der betrieblichen Praxis. Die Arbeitszufriedenheit hat sich heutzutage als bedeutendes Unternehmensziel etabliert und wird häufig anhand Mitarbeiterbefragungen gemessen. Das Konstrukt der Arbeitszufriedenheit ist eng mit dem Konstrukt der Arbeitsmotivation verbunden und eine eindeutige Abgrenzung zwischen beiden Konstrukten existiert nicht. Dennoch sind laut Kleinbeck (1996) beide Konstrukte klar voneinander zu trennen. Kleinbeck führt das Beispiel an, dass ein Mitarbeiter aufgrund einer hohen Bezahlung einerseits sehr zufrieden sein kann, aber andererseits eine geringe Motivation aufweist, begründend in einer mangelnden Befriedigung seines Motivs nach Selbstentfaltung. Heutzutage wird Arbeitszufriedenheit als eine Funktion der Motivation angesehen.[64]

Die beiden beschriebenen Konstrukte werden in Inhalts- und Prozesstheorien unterteilt. Die Inhaltstheorien legen den Schwerpunkt auf Bedürfnisse oder Objekte, die das Verhalten des Individuums verursachen und seine Zufriedenheit beeinflussen. Prozesstheorien betonen den Prozess, durch den Objekte oder Bedürfnisse das Verhalten des Individuums und seine Zufriedenheit beeinflussen.[65] Die bekannteste Inhaltstheorie der Arbeitszufriedenheit ist die Zwei-Faktoren-Theorie von Herzberg. Demnach ist Arbeitszufriedenheit ein zweidimensionales Konstrukt mit zwei unabhängigen unipolaren Ebenen ist. Die beiden Ebenen sind Unzufriedenheit (Hygienefaktoren) und Zufriedenheit (Motivatoren). Während die sogenannten Motivatoren Zufriedenheit schaffen, vermeiden die sogenannten Hygienefaktoren Unzufriedenheit. Die Hygienefaktoren können bei Nichtbefriedigung zu Unzufriedenheit, aber nicht zu Zufriedenheit führen. Die Motivatoren können andersherum zu einer Erhöhung der Arbeitszufriedenheit, aber nicht zu Unzufriedenheit führen. Beispiele für Motivatoren sind Anerkennung, Verantwortung und Aufstieg. Unter mögliche Hygie-

---

[63] Deller: Evaluation flexibler Arbeitszeitmodelle, 2004, S. 54.
[64] Vgl. Deller: Evaluation flexibler Arbeitszeitmodelle, 2004, S. 54 f.; van Dick: Arbeitszufriedenheit, 1999, S. 106 ff.
[65] Deller: Evaluation flexibler Arbeitszeitmodelle, 2004, S. 55.

nefaktoren fallen Unternehmenspolitik, Gehalt und Beziehungen zu Kollegen sowie Vorgesetzten.[66]

Wie bereits erwähnt, haben sich zahlreiche Studien mit dem Konstrukt der Arbeitszufriedenheit beschäftigt. Allerdings konnte in den Studien nicht stringent nachgewiesen werden, dass eine höhere Arbeitszufriedenheit auch zu besseren Arbeitsleistungen und somit höheren Produktivität der Behörde führt. Die Ergebnisse reichen von durchschnittlich minimalen Korrelationen von unter .20 bis hin zu einer moderaten Korrelation von .30. Die Beziehung zwischen Arbeitszufriedenheit und Fluktuation konnte genauso wie die Beziehung zwischen Arbeitszufriedenheit und der Abwesenheitsquote nur gering nachgewiesen werden. Diese insgesamt enttäuschenden Ergebnisse widerlegen die Erwartungen der Human Relations-Bewegung in den 50er Jahren, nach denen eine hohe Arbeitszufriedenheit ebenfalls zu besseren Leistungen der Mitarbeiter führt.[67]

Die Auswirkungen von Teilzeitarbeit auf die Arbeitszufriedenheit sollten dementsprechend gering sein. Teilzeitarbeit als Arbeitsbedingung des Mitarbeiters kann nach Herzberg als Hygienefaktor eingeordnet werden und führt lediglich zu Vermeidung von Unzufriedenheit. Dahingegen wird in der Praxis immer wieder eine Steigerung der Arbeitszufriedenheit von Mitarbeitern festgestellt. Es ist zu vermuten, dass eine freiwillige Teilnahme eines intrinsisch motivierten Mitarbeiters an Teilzeitprogrammen, persönliche Bedürfnisse befriedigt und somit die Lebenszufriedenheit steigert. Die Art der Implementierung von Teilzeitarbeit ist dabei entscheidend; bei Nichtbeteiligung der Mitarbeiter kann es zu Unzufriedenheit kommen.[68]

Die Studien und Theorien beschreiben nur einen minimalen Einfluss von Teilzeitarbeit auf das Konstrukt der Arbeitszufriedenheit. Das Konstrukt der Arbeitszufriedenheit hat folglich die oben genannten Erwartungen nicht erfüllt. Trotzdem wird Arbeitszufriedenheit im Zusammenspiel mit weiteren Konstrukten als ein Prädiktor für Arbeitsleistung angesehen. Fraglich ist, ob die Ergebnisse auch auf Führungskräfte in Teilzeitarbeit angewandt werden können.

---

[66] Vgl. Deller: Evaluation flexibler Arbeitszeitmodelle, 2004, S. 55 ff.
[67] Vgl. Deller: Evaluation flexibler Arbeitszeitmodelle, 2004, S. 60 f.
[68] Vgl. Deller: Evaluation flexibler Arbeitszeitmodelle, 2004, S. 60 f.

2.5.3 Arbeitsmotivation

Viele Menschen betrachten ihre Arbeit als notwendiges Übel. Die Arbeitszeit wird abgesessen, es wird ständig auf die Uhr gesehen und nur auf den Feierabend, den nächsten Freitag oder den nächsten Urlaub hin gearbeitet. Mit dieser Einstellung wird Zeit gegen Geld getauscht. Doch können unmotivierte Mitarbeiter positive Arbeitsergebnisse erreichen?

Dass die Arbeitsleistung aus den beiden Aspekten „Können" (Leistungsfähigkeit) und dem „subjektiven Wollen" (Leistungsbereitschaft) entsteht, ist aus der Leistungsforschung schon lange bekannt. Der Aspekt der Leistungsbereitschaft ist eng mit motivationalen Prozessen verknüpft.[69] Motivation gilt neben den Fähigkeiten des Menschen als wesentliche psychologische Voraussetzung, um Leistung erbringen zu können.[70]

Bis heute existiert keine allgemeingültige Theorie für die menschliche Motivation. Es handelt sich um ein sehr vages, breites und komplexes Konstrukt, welches mehrere interne und externe Prozesse beinhaltet. Die Forschung hat sich mit der Motivation auf zwei Ebenen beschäftigt und unterscheidet die sogenannten Inhalts- und Prozesstheorien. Die Inhaltliche Komponente der Motivation besagt, dass Menschen vielfältige Ziele verfolgen und nach diesen ihr individuelles Handeln ausrichten. Die Ziele können angeboren oder erworben sein und werden inhaltlich in Klassen eingeteilt, welche auch Motive genannt werden. Kleinbeck hat 1996 folgende fünf übergeordnete Motivklassen für Arbeitstätigkeiten klassifiziert: Leistungsmotiv, das Anschlussmotiv, das Machtmotiv, das Neugiermotiv und Aggressionsmotiv. Weiterhin wird zurückgehend auf Lewin (1920) intrinsische und extrinsische Motivation unterschieden. Zur extrinsischen Motivation gehört z.B. die Notwendigkeit zur Arbeit aufgrund äußerer Zwänge, wie dem Verdienst des Lebensunterhaltes. Die intrinsische Motivation ist durch den persönlichen Willen bestimmt, z.B. das Streben nach Selbstentfaltung. Bei der prozessualen Komponente der Motivation werden Motive aufgrund situativer Bedingungen aktiviert. Die bekannteste Prozesstheorie der Arbeitsmotivation stammt von Vroom und besagt, dass der Mensch die Handlungsalternative wählt, bei der das Produkt aus dem Nutzen und der Wahrscheinlichkeit zur Realisierung des Ziels maximal ist. Motivation entsteht

---

[69] Vgl. Deller: Evaluation flexibler Arbeitszeitmodelle, 2004, S. 44.
[70] Deller: Evaluation flexibler Arbeitszeitmodelle, 2004, S. 44.

demnach, wenn eine Person die für sich wichtigen Ziele auf optimalem Wege, durch eine akzeptierbare Anstrengung erreichen kann.[71]
Die Auswirkungen von Arbeitsmotivation auf Arbeitssituationen sind vielfältig. Nach dem heutigen Forschungsstand kann eine positive Beeinflussung folgender Bereiche durch eine Erhöhung der Arbeitszufriedenheit festgestellt werden:

- Produktivität des Mitarbeiters
- Gesundheit und somit Fehlzeitenquote des Mitarbeiters
- Bindung des Mitarbeiters
- Sicherheitsbewusstsein und Zuverlässigkeit bei der Arbeit
- Arbeitszufriedenheit

Nach der Studie von Wegge und Kleinbeck (1993) sind bis zu 20% der Fehltage durch individuelle Arbeitsmotivation zu erklären. Durch niedrige Fluktuationsraten und eine geringe Fehlzeitenquoten kann eine Behörde dementsprechend Kosten reduzieren. Teilzeitarbeit bietet die Möglichkeit die Arbeitsmotivation gezielt im Bereich der Motivierungspotenziale zu beeinflussen. Heutzutage empfinden viele Mitarbeiter die Möglichkeit der Teilzeitarbeit als Anreiz zur Befriedigung ihres Bedürfnisses nach einer verbesserten Life-Domain-Balance.[72]

Nicht nur in der Privatwirtschaft, sondern auch in öffentlichen Behörden steht die dauerhafte Leistung und Produktivität des Mitarbeiters im Vordergrund. Eine hohe Arbeitsmotivation ist also eine Grundvoraussetzung für gute Arbeitsergebnisse. Bisher ist in Studien nicht geklärt worden, ob Teilzeitarbeit auch die Arbeitsmotivation und damit die Leistung bzw. die Arbeitsergebnisse von Führungskräften positiv beeinflusst.

2.5.4 Commitment

In der heutigen Zeit des weltweiten Fachkräftemangels gewinnt der Forschungszweig Commitment innerhalb der Organisationspsychologie zuneh-

---

[71] Vgl. Deller: Evaluation flexibler Arbeitszeitmodelle, 2004, S. 44 ff.; Kaya: Arbeitsmotivation, 2009, S. 13 ff.; Seitz: Arbeitsmotivation, 2010, 34 ff.
[72] Vgl. Deller: Evaluation flexibler Arbeitszeitmodelle, 2004, S. 46 ff.

mend an Bedeutung. In Deutschland wird Commitment als Mitarbeiterbindung, Loyalität oder Identifikation mit dem Arbeitgeber bezeichnet.[73]

Commitment beschreibt eine starke, relativ stabile psychologische Bindung des Mitarbeiters an die Organisation. Diese Bindung hat eine hohe Emotionalität, verbunden mit der Bereitschaft, sich für Organisationsziele stärker einzusetzen, als dass durch die formale Arbeitsrolle zu erwarten wäre.[74] Commitment wird als multidimensionales Einstellungskonstrukt verstanden und wird in folgenden empirisch bestätigten Dimensionen unterschieden:

- affektives Commitment
- kalkuliertes Commitment
- normatives Commitment

Das affektive Commitment beinhaltet eine freiwillige Identifikation, eine emotionale Bindung und eine individuelle Beteiligung seitens des Mitarbeiters gegenüber der Organisation. Mitarbeiter, bei denen dieser Typ stark ausgeprägt ist, bleiben in der Organisation, weil sie es wollen. Beim kalkulierten Commitment vollziehen die Mitarbeiter einen Kosten-Nutzen Vergleich, der beim Verlassen der Organisation entstünde. Mitarbeiter, bei denen dieser Typ stark ausgeprägt ist, bleiben in der Organisation, weil sie es müssen. Das normative Commitment kennzeichnet sich durch der vom Arbeitnehmer gefühlten moralischen Verpflichtung gegenüber dem Arbeitgeber. Der psychologische Vertrag kann z.B. durch Vorleistungen des Arbeitsgebers erklärt werden und wird als Glaube an eine gegenseitige Verpflichtung verstanden, bei der für jede Leistung eine gleichwertige Gegenleistung erbracht wird. Ein Beispiel ist z.B. Arbeitsplatzsicherheit gegen Commitment. Durch die Betrachtung der Leistungen als subjektiv, können verschiedene Mitarbeiter die gleiche Leistung differenziert bewerten. Mitarbeiter, bei denen dieser Typ stark ausgeprägt ist, bleiben in der Organisation, weil sie sich dazu verpflichtet fühlen.[75]

Das Konstrukt des Commitment beinhaltet eine Austauschbeziehung zwischen den Mitarbeitern und dem Arbeitgeber. Die bekannteste Austauschtheorie ist die Equity-Theorie von Adams (1963). Die Theorie besagt, dass ein nach

---

[73] Vgl. Deller: Evaluation flexibler Arbeitszeitmodelle, 2004, S. 63.
[74] Deller: Evaluation flexibler Arbeitszeitmodelle, 2004, S. 63.
[75] Vgl. Deller: Evaluation flexibler Arbeitszeitmodelle, 2004, S. 63 f.; Gabor: Commitment, 2011, S. 30 f.; Barnikel: Post-Merger Integration, 2007, S. 65 ff.

Gleichgewicht strebendes Individuum, subjektiv wahrgenommene Ungleichheit, im Verhältnis zwischen Nehmen und Geben durch Erlebens- und Verhaltensweisen abbaut. Hierbei kommt das nach dem alttestamentarischen Prinzip „Auge um Auge – Zahn um Zahn" zutragen. Ein Individuum bzw. in diesem Fall ein Mitarbeiter strebt ein subjektives ausgeglichenes Verhältnis seiner Outcomes (Nettobelohnungen) und seines Inputs (Leistungen) an. Die Einschätzungen basieren auf subjektiven Wahrnehmungen und die individuellen Bewertungen von Input und Outcome können bei den Mitarbeitern dementsprechend sehr unterschiedlich sein. Bei unausgeglichenen Austauschbeziehungen müssen die entstandenen Spannungen abgebaut werden. Dies geschieht durch eine Anpassung des eigenen Verhaltens oder einer kognitiven Umbewertung. Dabei wird die eigene Leistung verringert oder erhöht, oder vom Austauschpartner eine höhere Leistung verlangt bzw. die aktuelle Leistung als höher betrachtet wird.[76]

Wie bei den Konstrukten Arbeitszufriedenheit und Arbeitsmotivation liegt auch beim Konstrukt Commitment das Interesse vor allem bei den erwarteten positiven Auswirkungen. Es sind positive Auswirkungen auf die Konstrukte

- berufliche Leistung
- Fluktuation
- Arbeitsmotivation
- Arbeitszufriedenheit

vermutet worden.[77]

Die Korrelationen von Commitment zur gesamten Arbeitszufriedenheit und Arbeitsmotivation haben mit einem Wert von ca. 55 relativ hoch gelegen. Die Erhöhung der Arbeitsmotivation wird damit begründet, dass dieses Phänomen zu den Charakteristika von Commitment zählt. Arbeitszufriedenheit wird aber klar von Commitment abgegrenzt, da sich Commitment auf die ganze Organisation bezieht und die Arbeitszufriedenheit eine affektive Reaktion auf bestimmte Komponenten des Arbeitsplatzes darstellt. Aufgrund von widersprüchlichen Forschungsergebnissen geht man heutzutage von einer wechselseitigen Beeinflussung aus, bei der die Arbeitszufriedenheit das Commitment stärker beeinflusst, als andersherum. Zwischen Commitment und Arbeitsleistung

---

[76] Vgl. Deller: Evaluation flexibler Arbeitszeitmodelle, 2004, S. 66 f.
[77] Vgl. Deller: Evaluation flexibler Arbeitszeitmodelle, 2004, S. 68 f.

existiert nur eine geringe Korrelation. Lediglich unbestritten ist, dass hohes Commitment mit geringerer Fluktuation einhergeht.[78]

Teilzeitarbeit bietet die Möglichkeit das Commitment zu stabilisieren oder zu erhöhen und somit die Fluktuation zu senken. Unter anderem liegt das z.B. an der besseren Vereinbarkeit von Beruf und Familie. Wenn keine flexiblen Arbeitszeitmodelle angeboten werden, verlassen besonders hochqualifizierte Mitarbeiter in der Privatwirtschaft ihr Unternehmen. Teilzeitarbeit sorgt dafür, dass die Bindung der qualifizierten Mitarbeiter verstärkt wird und diese dem Unternehmen länger treu bleiben.[79]

Bisher wurde nicht geklärt, ob Teilzeitarbeit das Commitment von teilzeitbeschäftigten Führungskräften im öffentlichen Dienst erhöht und dementsprechend die Fluktuation gesenkt werden kann.

2.5.5 Karriere

Um herausfinden zu können, inwiefern sich Teilzeitarbeit auf die Karriere von Teilzeitkräften auswirkt, muss zu allererst geklärt werden, was Karriere bedeutet und unter dem Begriff eigentlich verstanden wird. Der Begriff Karriere ist in der wissenschaftlichen Literatur nicht eindeutig definiert. Deshalb wird in diesem Fall der in Deutschland allgemeine Tenor verwendet. Die meisten Menschen verbinden das Wort Karriere mit einem schnellen und kontinuierlichen Vorwärtskommen, Erfolg, Geld, Zufriedenheit und gesellschaftlicher Anerkennung, einem schnellen beruflichen Aufstieg. Weiterhin wird unter Karriere verstanden, dass der Mitarbeiter während seiner beruflichen Laufzeit eine Folge von hierarchisch immer höher angesiedelten Stellen oder Positionen einnimmt.[80]

Doch die entscheidende Frage ist, welche Voraussetzungen eine Person erfüllen muss, um im „deutschen Verständnis" Karriere machen zu können. Die Süddeutsche.de befragt in einem Artikel über „die Eigenschaften der Erfolgreichen" einige Experten, welche Eigenschaften für den beruflichen Aufstieg besonders wichtig sind. Jürgen Lürssen, Professor für Marketing an der Fachhochschule Lüneburg, nennt die mentale Einstellung als Grundlage für

---

[78] Vgl. Deller: Evaluation flexibler Arbeitszeitmodelle, 2004, S. 68 f.
[79] Vgl. Deller: Evaluation flexibler Arbeitszeitmodelle, 2004, S. 68 ff.
[80] Vgl. Bohinc: Karriere, 2008, S. 10 f.

eine erfolgreiche Karriere. Wer Karriere machen möchte, muss sein berufliches Schicksal selber in die Hand nehmen, mobil und flexibel sein. Dabei muss der Beschäftigte auch Umzüge in Kauf nehmen, leistungsbereit sein und sich selbst motivieren können. Dass dies zu Lasten der Familie oder Hobbys gehen kann, wird lediglich nebenbei erwähnt. Guntmar Wolff, Autor und Trainer für Persönlichkeitsentwicklung, spricht von Disziplin als wichtigste Eigenschaft für langfristigen Erfolg. Er spricht davon, dass Karriere nur dann möglich ist, wenn die Person bereit ist alles zu tun, was notwendig ist, um erfolgreich zu sein. Weiterhin nennt er Entschlossenheit, Flexibilität und Belastbarkeit als wichtige Eigenschaften.[81] Alle genannten Eigenschaften, auch mit ihren Nachteilen, werden als notwendig angesehen, um beruflichen Erfolg zu haben. Aspekte, die sich negativ auf die Freizeit auswirken, werden eher als nebensächlich betrachtet. Wer beruflichen Erfolg möchte, sollte bereit sein, auf Freizeit zu verzichten.

Führungsaufgaben werden in dem Zusammenhang als unteilbar angesehen. Dabei ist größtenteils gedanklich verankert, dass Kontrolle und Verantwortung nur mit ständiger Präsenz zu bewerkstelligen sind. Des Weiteren nehmen Führungskräfte eine Vorbildfunktion ein und sind dafür verantwortlich, dass Ergebnisse geliefert und Ziele erreicht werden. Ohne Präsenz könnten die Mitarbeiter nicht fehlerfrei arbeiten und es würde ihnen die Erwartungshaltung des Vorgesetzten fehlen.[82]

Durch diese subjektiven Einschätzungen wird Teilzeitarbeit und beruflicher Aufstieg als Widerspruch empfunden. Die Gründe für die Ablehnung von Teilzeitarbeit in Führungspositionen sind meistens nicht rational zu belegen, sondern subjektiv und irrational. Sie basieren auf Befürchtungen und Vorurteilen. Aufgrund der geringen Verbreitung von teilzeitarbeitenden Führungskräften sind konkrete Erfahrungen relativ dürftig. Dementsprechend erfolgt kein Umdenken bei vielen Vollzeitbeschäftigten. Selbst positive Erfahrungen mit Teilzeitarbeit im Führungskräftebereich werden nur fallbezogen bewertet und führen nicht zum allgemeinen Umdenken bezüglich der Vorbehalte und Bedenken gegenüber Teilzeitarbeit.[83]

---

[81] Vgl. Süddeutsche.de: Karriere, 2003; Lürssen: Karriere, 2003, S. 23 ff.
[82] Vgl. Mücke: Teilzeitarbeitende Führungskräfte, 2005, S. 12.; Mell, Beruf und Karriere, 2005, S. 137 ff.
[83] Vgl. Mücke: Teilzeitarbeitende Führungskräfte, 2005, S. 12 f.

Die Vorbehalte, Bedenken und angeblich nötigen Voraussetzungen machen beruflichen Aufstieg für Teilzeitkräfte besonders schwierig. Es ist notwendig, z.B. durch Erfolgsgeschichten ein Umdenken einzuleiten. Dies versucht der Bund mit seiner Vorreiterrolle seit Jahren zu erreichen. Allerdings existieren keine Studien in denen geprüft wurde, inwiefern diese Vorurteile und Bedenken bei Führungskräften im öffentlichen Dienst verbreitet und ausgeprägt sind und in welchem Maße Teilzeitführungskräfte Erfahrungen damit gesammelt haben.

2.5.6 Nachteile

Teilzeitarbeit kann dem Arbeitnehmer und Arbeitgeber zwar viele Vorteile und positive Auswirkungen bieten, aber es sind auch Nachteile zu verzeichnen. Es gibt Gründe dafür, dass Teilzeitarbeit eher ein Frauenphänomen ist und die Anzahl an teilzeitbeschäftigten Führungskräften äußerst gering ist. Einige Nachteile sind lediglich in den Köpfen verankerte Vorurteile und andere sind wiederrum nur bei kurzfristiger Betrachtung ein Nachteil. Im Folgenden werden mögliche Nachteile und Aufwände seitens des Unternehmens und den teilzeitinteressierten/teilzeitbeschäftigten Mitarbeitern aufgelistet.

Mögliche Nachteile für Teilzeitbeschäftigte Mitarbeiter:
- Das Angebot von Teilzeitbeschäftigungen beschränkt sich häufig auf einseitige und geringer qualifizierte Arbeitstätigkeiten.[84]
- Eine Teilzeitbeschäftigung bedingt neben einer Erhöhung der Freizeit im Gegenzug auch eine Reduzierung des Gehalts und der Prämien. Dies kann zu finanziellen Problemen führen.[85]
- Die anteiligen Fahrkosten der Gesamtvergütung sind für teilzeitbeschäftigte Mitarbeiter höher als für vollzeitbeschäftigte Mitarbeiter.[86]
- Teilzeitarbeit kann in der Praxis negative Auswirkungen auf die Aufstiegschancen der Teilzeitkraft haben.[87]
- Vor allem bei höher qualifizierten Arbeitsstellen kann eine Teilzeitbeschäftigung zu einer sozialen Isolation führen, da Teilzeitarbeit enormes Konfliktpotenzial mit Vorgesetzten und Mitarbeitern birgt.[88]

---

[84] Laux; Schlachter: Teilzeit- und Befristungsgesetz, 2007, S. 13 f.
[85] Zwanziger; Winkelmann: Teilzeitarbeit, 2007, S. 83 f.
[86] Laux; Schlachter: Teilzeit- und Befristungsgesetz, 2007, S. 13 f.
[87] Laux; Schlachter: Teilzeit- und Befristungsgesetz, 2007, S. 13 f.

- In der Praxis gibt es für teilzeitbeschäftigte Mitarbeiter häufig geringere Fortbildungs- und Weiterbildungschancen. Dies führt langfristig auch zu einem höheren Arbeitsplatzrisiko.[89]

Mögliche Nachteile von Teilzeitarbeit für Unternehmen:

- Für Unternehmen bedeuten teilzeitarbeitende Mitarbeiter einen großen organisatorischen Aufwand, vor allem bei der Implementierung und Durchführung der Teilzeitmodelle. In der Privatwirtschaft entwickeln die Unternehmen oft eigene Ansätze und Modellvarianten. Dabei ist es fundamental wichtig, dass die Arbeitszeitmodelle von den Mitarbeitern mitgetragen werden. Das kann nur durch eine offene Diskussions- und Informationspolitik gewährleistet werden.[90]
- Die Einrichtung von Teilzeitarbeitsplätzen kann zu höheren finanziellen und zeitlichen Aufwendungen führen. Z.B. können durch eine höhere Anzahl von Arbeitsplätzen Kosten für einen erhöhten Raumbedarf sowie Kosten für die entsprechend neue Ausstattung anfallen.[91]
- Die Sozialversicherungsbeiträge des Arbeitgebers steigen, da diese für zwei teilzeitbeschäftigte höher sind als für eine Vollzeitkraft.[92]
- Aufgrund der unterschiedlichen Arbeitszeiten und der somit unterschiedlichen Arbeitsleistung können interne Spannungen in der Belegschaft auftreten.[93]
- Bei einer erhöhten Zahl von unterschiedlichen Ansprechpartnern, kann es zu Problemen bei der Betreuung von Kunden kommen. Weiterhin können durch die unterschiedlichen Anwesenheitszeiten Zeitverluste auftreten, wodurch die Kommunikation im Unternehmen gestört wird.[94]
- Der Anteil der produktiven Zeit kann vor allem bei qualifizierten Tätigkeiten, durch den Zeitaufwand zur Verschaffung notwendigen Wissens, sinken.[95]
-

---

[88] Laux; Schlachter: Teilzeit- und Befristungsgesetz, 2007, S. 13 f.
[89] Vgl. Baillod: Chance Teilzeitarbeit, 2002, S. 63.
[90] Lindecke: Flexible Arbeitszeitorganisation, 2000, S. 179 f.
[91] Flüter-Hoffmann; Solbrig: Arbeitszeitflexibilisierung, 2003, S. 12; Laux; Schlachter: Teilzeit- und Befristungsgesetz, 2007, S. 13 f.
[92] Laux; Schlachter: Teilzeit- und Befristungsgesetz, 2007, S. 13 f.
[93] Laux; Schlachter: Teilzeit- und Befristungsgesetz, 2007, S. 13 f.
[94] Laux; Schlachter: Teilzeit- und Befristungsgesetz, 2007, S. 13 f.
[95] Laux; Schlachter: Teilzeit- und Befristungsgesetz, 2007, S. 13 f.

2.6 Hypothesen

Um die Frage nach dem Einfluss von Teilzeitarbeit auf die Arbeitszufriedenheit, Arbeitsmotivation und das Commitment von Teilzeitbeschäftigten Führungskräften in prüfbare Analysen zu überführen, werden im folgenden drei Grundhypothesen abgeleitet. Diese werden im Ergebnisteil durch ergänzende Prüfungen konkretisiert (s. Kap. 4.2).

H1: Teilzeitbeschäftigte Führungskräfte weisen keine signifikant höhere Arbeitszufriedenheit gegenüber vollzeitbeschäftigten Führungskräften auf.

H2: Teilzeitbeschäftigte Führungskräfte weisen eine signifikant höhere Arbeitsmotivation gegenüber vollzeitbeschäftigten Führungskräften auf.

H3: Teilzeitbeschäftigte Führungskräfte weisen ein signifikant höheres Commitment gegenüber vollzeitbeschäftigten Führungskräften auf.

3 Methodik

3.1 Untersuchungsdesign

In den nachfolgenden Kapiteln werden der Fragebogen, die Auswahl der Stichprobe und die Durchführung der Datenerhebungen beschrieben. Die vorliegende empirische Untersuchung ist einmalig durchgeführt worden und ist somit eine Querschnittsstudie.

3.1.1 Beschreibung des Fragebogens

Die hier vorliegende Untersuchung zum Thema „Karriere und Teilzeitarbeit – K(ein) Problem" soll zuverlässige Daten über die Facetten der Teilzeitarbeit aus Sicht von teil- und vollzeitarbeitenden Führungskräften erfassen. Als Erhebungsinstrument ist die schriftliche Befragung mittels Fragebogen gewählt worden, um Einstellungen, Meinungen und Sichtweisen der Teilnehmer zum Thema Teilzeitarbeit zu ermitteln. Der Fragebogen bietet zudem die Vorteile einer kostengünstigen Befragung und die Erfassung von verschiedenen Themenbereichen. Der für diese Arbeit erstellte Fragebogen ist hauptsächlich der quantitativen Methode zuzuordnen. Vereinzelt sind qualitative Elemente integriert, in Form von offenen Fragen. Ein Interviewereffekt kann durch diese Befragungsmethode ausgeschlossen werden.

Auf der ersten Seite des für diese Arbeit erstellten Fragebogens befinden sich wichtige Instruktionen und Aspekte für den Teilnehmer. Darin werden der Rücklauftermin, die Anleitung zum Ausfüllen des Fragebogens und die Beschreibung des Auswahlverfahrens vorgestellt.

Der Fragebogen besteht insgesamt aus drei Teilen, die wie folgt aufgebaut sind:

1. Teil A - Angaben zu Demografie, Abteilung und Stelle
2. Teil B - Fragen zu Arbeitszufriedenheit, -motivation und Commitment
3. Teil C - Angaben zur Teilzeit- oder Vollzeitbeschäftigung

Während Teil A und Teil B für voll- und teilzeitbeschäftigte Führungskräfte einheitlich gestaltet ist, gibt es für beide Gruppen einen individuellen Teil C. Die Version für teilzeitbeschäftigte Führungskräfte wurde Version 1 und die Version für vollzeitbeschäftigte Führungskräfte Version 2 benannt. Teil A beinhaltet Angaben des Teilnehmers zu demografischen Daten, Bezeichnung ihrer Abteilung und ihrer Arbeitsstelle. Teil B enthält Fragen zu den Konstrukten Arbeitszufriedenheit, Arbeitsmotivation und Commitment. Der letzte Teil C bezieht sich, je nach Beschäftigung, auf Fragen über die Einstellung der Teilnehmer gegenüber Teilzeitarbeit oder dessen erworbenen Erfahrungen.

Teil A besteht aus neun und Teil B aus 30 Items. Diese 39 Items sind folglich für teil- und vollzeitbeschäftigte Führungskräfte identisch. Teil C der Version 1 setzt sich aus 24 Items und Teil C der Version 2 aus 14 Items zusammen. Für die Version 1 des Fragebogens ergibt sich eine Gesamtanzahl von 65 Items und für die Version 2 insgesamt 55 Items. Die Beantwortung und Bewertung der Items/Aussagen erfolgte hauptsächlich auf einer fünfstufigen Likert-Skala von „trifft gar nicht zu" bis „trifft voll zu." Des Weiteren wurde den Teilnehmern freigestellt einzelne Items unbeantwortet lassen. In diesem Fall wurden sie gebeten, dies zu begründen. Um die Verständlichkeit der Items zu überprüfen wurde ein Vorlauf durchgeführt. (s. Kap. 3.1.3). Weiterhin setzt sich der Fragebogen aus geschlossenen und einigen wenigen offenen Fragen zusammen. Die geschlossenen Fragen bringen den Vorteil, einer leichteren Auswertung im

Vergleich zu offenen Fragen, mit sich. Andererseits bieten die offenen Fragen, die Möglichkeit von individuellen Antworten. Die Mischung dieser beiden Fragenvarianten wurde gewählt, um eine Vertiefung von interessanten Bereichen, wie z.B. individuellen Meinungen über Teilzeitarbeit, zu erzielen.

Der für diese Arbeit erstellte Fragebogen setzt sich zum größten Teil aus verschiedenen standardisierten Fragebögen zusammen. Für Teil B wurden Elemente aus drei Fragebögen entnommen und an diese Untersuchung angepasst. Für das Konstrukt Arbeitszufriedenheit wurde der Teil „Arbeitszufriedenheit" Fragebogen Hospital Anxiety and Depression Scale (HADS) eingesetzt. Für das Konstrukt Arbeitsmotivation wurde der Fragebogen "Arbeitsmotivation" der TÜV Media GmbH und zur Messung des Commitment wurde der „Organizational Commitment Questionnaire – OCQ" verwendet. Teil A und beide Teile C orientieren sich an den Fragebögen „Teil C: Fragen zum Arbeitsverhalten und Arbeitsumfeld" aus dem TopS Projekt.

Der Abschluss der Fragebogenversionen bietet den Teilnehmern die Möglichkeit Kritik, Ideen oder Lob zu äußern. Weiterhin wird eine Instruktion zum Übermitteln des Fragebogens gegeben und den Teilnehmern wird für ihre Teilnahme an dieser Untersuchung gedankt.

3.1.2 Auswahl der Stichprobe

Unter die Rubrik Teilzeitarbeit fallen auch gering qualifizierte Nebenjobs, wie der 400-Euro-Job. Diese Nebenjobs sind nicht auf eine Karriere seitens der Mitarbeiter ausgelegt, sondern dienen meistens dem Zweck, sich etwas dazuzuverdienen. Der größte Teil der Teilzeitbeschäftigten in Deutschland ist weiblich (s. Kap. 2.2). Vor allem in den gering qualifizierten Jobs sind hauptsächlich weibliche Elternteilzeitler vertreten. Um die niedrig qualifizierten Beschäftigungen und die rein kurzfristigen Elternteilzeitler herauszufiltern, ist die Stichprobe auf höher qualifizierte Tätigkeiten begrenzt worden. Da es kaum Statistiken über Teilzeitarbeit bei höher qualifizierten Jobs gibt, soll die vorliegende Arbeit dieses Themengebiet genauer untersuchen. Aufgrund der mangelnden Statistik ist die genaue Anzahl der teilzeitbeschäftigten Führungskräfte in Deutschland und deren Arbeitsbereich unbekannt. Der Bund nimmt seit Jahren eine bewusste Vorreiterrolle bei Teilzeitarbeit ein, weshalb Teilzeitarbeit bei Führungskräften dort stärker verbreitet ist als in der Privatwirtschaft. Daraus resultiert, dass die Stichprobe auf teilzeitbeschäftigte Führungskräfte im öffentlichen Dienst festgelegt worden ist. Um möglichst aussagekräftige Ergebnisse zu erzielen und die Hypothesen (s. Kap. 2.6) überprüfen zu können, sind nicht nur teilzeitbeschäftige Führungskräfte befragt worden, sondern auch eine Vergleichsgruppe herangezogen, die aus vollzeitbeschäftigten Führungskräften besteht. Die Stichprobe ist auf Nordrhein-Westfalen (NRW) begrenzt worden.

3.1.3 Durchführung der Datenerhebung

Um mögliche Teil- und Vollzeitführungskräfte ausfindig zu machen, sind alle 396 politisch selbstständigen Städte und Gemeinden in NRW angeschrieben worden. Weitere 239 angeschriebene Behörden haben sich in Regierungsbezirken gefunden, Landesbehörden, Ministerien und weiteren Institutionen des öffentlichen Diensts. Dementsprechend addiert sich die Zahl der kontaktierten Behörden auf insgesamt 635. Da unklar ist, wie viele Teilzeitführungskräfte im öffentlichen Dienst beschäftigt sind, wurde diese hohe Anzahl an kontaktierten Behörden gewählt. Die 635 Behörden sind per E-Mail und Fax kontaktiert worden, um möglichst viele Führungskräften zu erreichen und einen Einblick in die Verbreitung von Teilzeitarbeit bei Führungskräften zu erlangen. Im ersten Schritt ist den angeschriebenen Behörden einen Einblick in die Fragestellung und Zielsetzung der Untersuchung gegeben und für die freiwillige Teilnahme an der Befragung geworben worden (s. Anhang). In einer ca. zweiwöchigen Frist konnten sich alle interessierten Teilnehmer melden, um an der Befragung teilzunehmen. In dieser Frist ist zunächst ein Vorlauf an einer Stichprobe mit sechs Teilnehmern erfolgt. Die beiden Versionen des Fragebogens sind auf Verständlichkeit der Instruktion und der Items geprüft worden. Aufgrund der so gewonnen Erkenntnisse sind vereinzelte, zu umständlich formulierte Passagen verbessert worden. Im zweiten Schritt sind allen, die sich bereiterklärt hatten, teilzunehmen, der Fragebogen in elektronischer Form per E-Mail zugesandt worden. Der Erhebungszeitraum ist per Frist auf drei Wochen begrenzt worden. Antworten außerhalb dieser Frist ist nicht berücksichtigt worden. Da die Möglichkeit bestanden hat, die Fragebögen nicht nur per Post, sondern auch per Fax oder E-Mail zurückzuschicken, konnte keine vollständige Anonymität gewährleistet werden. Die Adressdaten der Teilnehmer sind in eine Teilnehmerliste eingetragen worden, um ihnen zum Abschluss der Untersuchung die

Ergebnisse zukommen zu lassen. Danach sind die Fragebögen vollständig anonymisiert worden und ließen sich nicht mehr den einzelnen Personen zuordnen.

3.2 Stichprobenbeschreibung

Im Folgenden wird die Stichprobe anhand der soziodemographischen und arbeitsplatzbezogenen Angaben, die in der Befragung erhoben wurden, vorgestellt.

Die Stichprobe (n) umfasst insgesamt 145 Personen. Davon entfallen 70 Personen auf Teilzeitführungskräfte und 75 Personen auf Vollzeitführungskräfte.

3.2.1 Demographische Daten

Tabelle 4 zeigt die Verteilung der Geschlechter, des Alters und der Wohnsituation der Gesamtstichprobe sowie der Teil- und Vollzeitführungskräfte.

Merkmale		Teilzeit-führungs-kräfte n = 70	Vollzeit-führungs-kräfte n = 75	Gesamt-stich-probe n = 145
Geschlecht	männlich	22 (31,5%)	25 (33,3%)	47 (32,4%)
	weiblich	48 (68,5%)	50 (66,7%)	98 (67,6%)
Alter	Mittelwert	48,34	51,39	49,92
	Streubreite	32 - 62	27 - 64	27 - 64
Wohnsituation	alleine	11 (15,7%)	11 (14,7%)	22 (15,2%)
	mit Partner	10 (14,3%)	26 (34,7%)	36 (24,8%)
	mit Partner u. Kind/ern	49 (70%)	38 (50,6%)	87 (60,0%)
Anzahl Kinder	Mittelwert	1,49	1,25	1,37
	Streubreite	0 - 4	0 - 4	0 - 4

Tab. 4: Demographische Daten (Eigene Darstellung)

Die Gesamtstichprobe setzte sich aus 47 (32,4%) Männern und 98 (67,6%) Frauen zusammen. Das durchschnittliche Alter betrug 49,92 Jahre bei einer Streuung von 27 bis 64 Jahren. In der Kategorie Wohnsituation bildeten die

Teilnehmer, die mit ihrem Partner und Kind/ern zusammenwohnten, die größte Gruppe mit n=87 (60%). 36 (24,8%) Teilnehmer wohnten mit ihrem Partner ohne Kind/ern zusammen und 22 (15,2%) Teilnehmer wohnten alleine. Die durchschnittliche Anzahl an Kindern pro Teilnehmer lag bei 1,37 Kindern.

Die Teilzeitstichprobe setzte sich aus 22 (31,5%) Männern und 48 (68,5%) Frauen zusammen. Die Gruppe der Vollzeitführungskräfte bestand aus 25 (31,5%) Männern (31,5%) und 50 (66,7%) Frauen. Das Durchschnittsalter der Teilzeitführungskräfte betrug 48,34 Jahre bei einer Streuung von 32 bis 62 Jahren und bei den Vollzeitführungskräften 51,39 Jahre bei einer Streuung von 27 bis 64 Jahren. Die größte Gruppe der teil- und vollzeitbeschäftigten Führungskräften bildeten Teilnehmer, die mit einem Partner und Kind/ern zusammen lebten mit 49 (70%) und 38 (50,6%). 11 (15,7%) teilzeitbeschäftigte Führungskräfte wohnten alleine und 10 (14,3%) mit Partner ohne Kind. In der Gruppe der vollzeitbeschäftigten Führungskräfte wohnten 11 (14,7%) Teilnehmer alleine und 26 (34,7%) Teilnehmer mit Partner ohne Kind. Die teilzeitbeschäftigten Führungskräfte hatten im Durchschnitt 1,49 und die vollzeitbeschäftigten Führungskräfte 1,25 Kinder. Die Streuung lag bei beiden Gruppen zwischen 0 und 4 Kindern.

3.2.2 Arbeitsplatzbezogene Daten

In Tabelle 5 ist die Arbeitsqualifikation und Berufstätigkeit des Partners, die Führungsverantwortung anhand der Mitarbeiterzahl, die Arbeitszeit und die Bezeichnung der Stelle der Gesamtstichprobe sowie der Teil- und Vollzeitführungskräfte dargestellt.

Merkmale		Teilzeit-führungs-kräfte n = 70	Vollzeit-führungs-kräfte n = 75	Gesamt-stichprobe n = 145
Qualifikation Partner	höhere Qualifikation	4 (5,7%)	3 (4%)	7 (4,8%)
	gleiche Qualifikation	42 (60,0%)	28 (37,3%)	70 (48,3%)
	geringere Qualifikation	23 (32,9%)	35 (46,7%)	58 (40%)
	kein Partner	1 (1,4%)	9 (12%)	10 (6,9%)
Berufstätigkeit der Partner	ganztägig m. Überstd.	26 (37,1%)	11 (14,7%)	37 (25,5%)
	ganztägig o. Überstd.	16 (22,9%)	12 (16,0%)	28 (19,3%)
	flexible Arbeitszeit	3 (4,3%)	2 (2,7%)	5 (3,5%)
	Teilzeit	13 (18,6%)	26 (34,7%)	39 (26,9%)
	Hausfrau/-mann	11 (15,7%)	13 (17,3%)	24 (16,6%)
	arbeitslos	0 (0%)	2 (2,7%)	2 (1,4%)
Führungs-verantwortung (Mitarbeiterzahl)	Mittelwert	13,7	21,5	17,5
	Streubreite	1 - 83	1 - 250	1 - 250
Arbeitszeit in der Behörde (in Jahren)	Mittelwert	18,6	21,76	20,25
	Streubreite	1 - 38	1 - 46	1 - 46
Bezeichnung der Abteilung	Finanzen	3 (4,3%)	10 (13,3%)	13 (8,9%)
	Personal	4 (5,7%)	2 (2,7%)	6 (4,1%)
	Organisation	17 (24,3%)	13 (17,3%)	30 (20,7%)
	Fachaufgaben	41 (58,6%)	40 (53,3%)	81 (55,9%)
	Sonstiges	5 (7,1%)	10 (13,3%)	15 (10,3%)

Tab. 5: Arbeitsplatzbezogene Daten (Eigene Darstellung)

In der Kategorie der Qualifikation des Partner zeigte sich in der Gesamtstichprobe die größte Gruppe bei den Teilnehmern, die das gleiche Qualifikationsniveau des Partners aufwiesen (n= 70, 48,3%). Es folgen 58 (40,0%) Teilnehmer mit geringerer Qualifikation des Partners, 10 Teilnehmer (6,8%) ohne Partner und lediglich 7 (4,8%) Teilnehmer hatten einen Partner mit höherer Qualifikation.

In der Kategorie Berufstätigkeit der Partner in der Gesamtstichprobe gaben 39 (26,9%) Teilnehmer an, dass ihr Partner teilzeitbeschäftigt ist. Weitere 37 (22,5%) Teilnehmer gaben an, dass ihr Partner ganztägig mit Überstunden beschäftigt ist und 28 (19,3%) Partner waren ganztägig ohne Überstunden beschäftigt. 24 (16,6%) Partner waren Hausfrau/mann und 5 (3,5%) hatten flexible Arbeitszeiten. 2 (1,4%) waren arbeitslos. Jeder Teilnehmer hatte eine durchschnittliche Führungsverantwortung von 17,5 Mitarbeitern und ist durchschnittlich 20,25 Jahre in seiner Behörde beschäftigt gewesen. Die größte Gruppe bildeten die Teilnehmer, die mit Fachaufgaben (n=81, 55,9%) beschäftigt waren. 30 (20,7%) waren im Organisationswesen und 15 (10,3%) gaben sonstige Abteilungsbezeichnungen an. Weitere 13 (8,9%) Teilnehmer arbeiteten im Finanzwesen und 6 (4,1%) im Personalwesen.

In der Gruppe der teilzeitbeschäftigten Führungskräfte hatten 42 (60%) Teilnehmer einen Partner mit höherer Qualifikation und 23 (32,9%) Partner hatten eine geringere Qualifikation. Weitere 4 Teilnehmer hatten einen Partner mit höherer Qualifikation und 1 (1,4%) Teilnehmer hatte keinen Partner. In der Kategorie der Berufstätigkeit der Partner gaben 26 (37,1%) Personen an, dass ihr Partner ganztätig mit Überstunden beschäftigt ist und 16 (22,9%) Partner waren ganztägig ohne Überstunden beschäftigt. 13 (18,6%) Partner waren Teilzeitbeschäftigt, 11 (15,7%) waren Hausfrau/mann und 3 (4,3%) hatten flexible Arbeitszeiten. Die durchschnittliche Führungsverantwortung lag bei 13,7 Mitarbeitern und die durchschnittliche Beschäftigung in der Behörde betrug 18,6 Jahre. 41 (58,6%) Teilnehmer gaben an mit Fachaufgaben und 17 (24,3%) gaben an in der Organisation beschäftigt zu sein. 5 (7,1%) Teilnehmer gaben sonstige Abteilungsbezeichnungen an, 4 (5,7%) arbeiteten im Personalwesen und 3 (4,3%) im Finanzwesen.

In der Gruppe der vollzeitbeschäftigten Führungskräfte hatten 35 (46,7%) Teilnehmer einen Partner mit einer geringeren Qualifikation und 28 (37,3%) einen mit gleichem Qualifikationsniveau. 9 (12%) Teilnehmer hatten keinen Partner und 3 (4%) einen mit höherer Qualifikation. In der Kategorie der Berufstätigkeit der Partner gaben 26 Teilnehmer an, dass ihr Partner teilzeitbeschäftigt war und 13 (17,3%) Partner waren Hausfrau/mann. 12 (16%) Partner waren ganztägig ohne Überstunden und 11 (14,7%) ganztägig mit Überstunden beschäftigt. 2 (2,7%) Partner hatten flexible Arbeitszeiten und 2 waren arbeitslos. Die durchschnittliche Führungsverantwortung lag bei 21,5 Mitarbeitern und die durchschnittliche Beschäftigung in der Behörde betrug 21,7 Jahre. 50 (53,3%) Teilnehmer waren mit Fachaufgaben und 13 (17,3%) im Organisationswesen beschäftigt. 10 (13,3%) Teilnehmer arbeiteten im Finanzwesen und 10 (13,3%) gaben sonstige Abteilungsbezeichnungen an. 2 (2,7%) Teilnehmer arbeiteten im Personalwesen.

Tabelle 6 stellt die durchschnittliche Wochenarbeitszeit der Teilzeitführungskräfte dar.

	Durchschnittliche Wochenarbeitsstunden der Teilzeitkräfte				
	N	Minimum	Maximum	Mittelwert	Standardabweichung
Wie viele Stunden beträgt Ihre durchschnittliche Arbeitszeit?	70	15	40	30,16	5,542
Gültige Werte (Listenweise)	70				

Tab. 6: Durchschnittliche Wochenarbeitsstunden der Teilzeitkräfte (Eigene Darstellung)

Die Teilzeitbeschäftigten Führungskräfte arbeiten im Durchschnitt 30,16 Stunden in der Woche. Dabei variierten die Angaben zwischen 15 und 40 Wochenstunden bei einer Standardabweichung von 5,54.

Tabelle 7 stellt die durchschnittliche Wochenarbeitszeit der Vollzeitführungskräfte dar.

Durchschnittliche Wochenarbeitsstunden der Vollzeitkräfte						
	N	Minimum	Maximum	Summe	Mittelwert	Standardabweichung
Wie viele Stunden beträgt Ihre durchschnittliche Arbeitszeit?	75	38	70	3154	42,05	5,455
Gültige Werte (Listenweise)	75					

Tab. 7: Durchschnittliche Wochenarbeitsstunden der Vollzeitkräfte (Eigene Darstellung)

Die Vollzeitbeschäftigten Führungskräfte arbeiten im Durchschnitt 42,05 Stunden in der Woche. Dabei variierten die Angaben zwischen 38 und 70 Wochenstunden bei einer Standardabweichung von 5,455.

4 Ergebnisse

Die Ergebnisdarstellung beginnt mit der Skalenanalyse der drei Dimensionen Arbeitszufriedenheit, Arbeitsmotivation und Commitment. Des Weiteren werden die Ergebnisse des Vergleichs der beiden Gruppen Teilzeit- und Vollzeitbeschäftigte Führungskräfte mit Hilfe des T-Tests vorgestellt. Zuletzt werden die deskriptiven Ergebnisse des Fragebogenteils C dargestellt.

4.1 Skalenanalyse

Im Rahmen der Skalenanalyse sind verschiedene Kennwerte für die drei Skalen Arbeitszufriedenheit, Arbeitsmotivation und Commitment benutzt worden. Die Kennwerte beziehen sich auf den Mittelwert, die Standardabweichung und das Cronbachs Alpha als Maßzahl für die interne Konsistenz der Skala. Die Berechnungen für die Skalenanalyse basieren auf den Werten der Itemanalyse. Die Kennwerte der Itemanalyse für die drei Skalen sind im Anhang als Übersichtstabelle dargestellt.

Der Mittelwert der Skala gibt die durchschnittliche Gesamtpunktzahl an, mit dem die Teilnehmer des Tests die jeweilige Skala bewertet haben. Dabei hat bei jedem Item die Möglichkeit bestanden, diesen anhand einer fünfstufigen Skala zu bewerten, von Wert null bis vier. Gesetzt des Falles, dass alle Teilnehmer ein Item mit der bestmöglichen Antwort bewertet hätten, würde der Mittelwert bei dem höchstmöglichen Wert von 4,0 liegen. Um den Mittelwert der Skala zu errechnen, sind die Mittelwerte der Items addiert worden.

Die Standardabweichung ist ein Maß für die Streuung der Werte einer Zufallsvariable um ihren Mittelwert. Die Standardabweichung gibt somit die durchschnittliche Entfernung aller Antworten zum Mittelwert an. Um die Standardabweichung für die Skala zu errechnen, sind die Standardabweichungen der Items addiert worden.

Die Reliabilität (Cronbachs Alpha) ist ein Maß für die Verlässlichkeit der wissenschaftlichen Messung einer Skala. Es stellt die interne Konsistenz derselben dar.
Insgesamt mussten drei negativ formulierte Items umcodiert werden. Diese drei Items befinden sich in der Skala Commitment. Es handelt sich um die Items „Man gewinnt nicht viel, wenn man ewig an diesem Betrieb hängt","Die meisten Dinge im Leben sind wichtiger als meine Arbeit" und „Oft bliebe ich lieber zu Hause, als in die Arbeit zu gehen".
Die Zusammenfassung der Fallverarbeitung (Tabelle 8) zeigt, dass keine Daten ausgeschlossen und somit alle 145 verarbeiteten Daten gültig und verarbeitet worden sind. Dies gilt für die drei Dimensionen Arbeitszufriedenheit, Arbeitsmotivation und Commitment.

Zusammenfassung der Fallverarbeitung			
		N	%
Fälle	Gültig	145	100,0
	Ausgeschlossen	0	0,0
	Gesamt	145	100,0

Tab. 8: Fallverarbeitung der Auswertung (Eigene Darstellung)

4.1.1 Arbeitszufriedenheit

Die Reliabilität der Skala wird durch das Cronbachs Alpha angegeben. Der Wert des Cronbachs Alpha der Dimension Arbeitszufriedenheit (Tabelle 9) liegt bei ,728.

Arbeitszufriedenheit		
Cronbachs Alpha	Cronbachs Alpha für standardisierte Items	Anzahl der Items
,728	,721	9

Tab. 9: Reliabilität der Dimension Arbeitszufriedenheit (Eigene Darstellung)

Tabelle 10 stellt die Skala-Statistik der Dimension Arbeitszufriedenheit dar.

Skala-Statistiken - Arbeitszufriedenheit			
Mittelwert	Varianz	Standard-abweichung	Anzahl der Items
28,39	27,699	5,263	9

Tab. 10: Skala-Statistik der Dimension Arbeitszufriedenheit (Eigene Darstellung)

Bei einer maximalen Antwortpunktzahl von 9 (Anzahl Items) * 4 (Maximalpunktzahl pro Item) kann eine Punktzahl von 36 erreicht werden. Der Mittelwert liegt mit 28,39 damit sehr hoch. Die Varianz der Skala liegt bei 27,699 und somit streuen die Antworten der Teilnehmer sehr stark. Des Weiteren liegen die Antworten mit einer durchschnittlichen Entfernung zum Mittelwert von 5,26 in einem breiten Radius um diesen.

4.1.2 Arbeitsmotivation

Die Reliabilität der Skala Arbeitsmotivation liegt, wie in Tabelle 11 ersichtlich, bei ,902.

Arbeitsmotivation		
Cronbachs Alpha	Cronbachs Alpha für standardisierte Items	Anzahl der Items
,902	,907	13

Tab. 11: Reliabilität der Dimension Arbeitsmotivation (Eigene Darstellung)

Tabelle 12 stellt die Skala-Statistik der Dimension Arbeitsmotivation dar.

Skala-Statistiken - Arbeitsmotivation			
Mittelwert	Varianz	Standardabweichung	Anzahl der Items
36,00	96,931	9,845	13

Tab. 12: Skala-Statistik der Dimension Arbeitsmotivation (Eigene Darstellung)

Bei einer maximalen Antwortpunktzahl von 13 (Anzahl Items) * 4 (Maximalpunktzahl pro Item) kann eine Punktzahl von 52 erreicht werden. Der Mittelwert der Items liegt bei 36. Die Varianz mit 96,931 deutet auf eine sehr starke Streuung bei den Antworten der Teilnehmer hin. Dies bestätigt auch die Standardabweichung mit einem Wert von 9,845. Die Antworten liegen mit dem sehr hohen Wert von durchschnittlich 9,84 Punkten vom Mittelwert entfernt.

4.1.3 Commitment

Die Reliabilität der Dimension Commitment liegt, wie in Tabelle 13 dargestellt, bei ,716.

Commitment		
Cronbachs Alpha	Cronbachs Alpha für standardisierte Items	Anzahl der Items
0,716	0,743	10

Tab. 13: Reliabilität der Dimension Commitment (Eigene Darstellung)

Tabelle 14 stellt die Skala-Statistik der Dimension Commitment dar.

Skala-Statistiken - Commitment			
Mittelwert	Varianz	Standardabweichung	Anzahl der Items
21,24	28,948	5,380	8

Tab. 14: Skala-Statistik der Dimension Commitment (Eigene Darstellung)

Bei einer maximalen Antwortpunktzahl von 8 (Anzahl Items) * 4 (Maximalpunktzahl pro Item) kann eine Punktzahl von 32 erreicht werden. Der Mittelwert der Items liegt bei 21,24. Die Varianz mit 28,948 deutet auf eine sehr starke Streuung bei den Antworten der Teilnehmer hin. Der Wert der Standardabweichung beträgt 5,380. Die Antworten liegen durchschnittlich 5,38 Punkte vom Mittelwert entfernt.

4.2 Zweistichproben T-Test bei unabhängigen Stichproben

Der Zweistichproben T-Test bei unabhängigen Stichproben gibt an, ob die Mittelwerte der beiden Stichproben Teil- und Vollzeit in der Grundgesamtheit unterschiedlich sind. Die beiden unabhängigen Stichproben setzen sich aus den Teil- und Vollzeitführungskräften zusammen. Mit Hilfe des Zweistichproben T-Tests bei unabhängigen Stichproben können die in Kapitel 2.6 aufgestellten Hypothesen H1 - H3 überprüft werden.

Dafür werden die Mittelwerte der Stichproben verglichen und überprüft, ob die Unterschiede zwischen den Mittelwerten statistisch signifikant sind. Zunächst wird eine Übersichtstabelle vorgestellt, die sich aus den Größen n der beiden Stichproben und den deskriptiven Kennwerten der Testvariablen in beiden Gruppen zusammensetzt. Die Kennwerte sind der Mittelwert und die Standardabweichung der Gruppe. Die zweite Tabelle stellt jeweils die Ergebnisse des T-Tests vor. Dabei ist es wichtig, dass zuerst die Ergebnisse des Levene-Tests betrachtet werden, der angibt ob Varianzhomogenität angenommen werden kann. Wenn dies der Fall ist und der Wert über ≥ 10% liegt, ist die erste Zeile „Varianzen sind gleich" und deren Werte zu betrachten. Liegt der Wert des

Levene-Tests in einem niedrigeren Bereich sind die Werte des T-Tests der zweiten Zeile zu entnehmen.

4.2.1 Arbeitszufriedenheit

Es soll geprüft werden, ob H1 anzunehmen oder abzulehnen ist.

H1: Teilzeitbeschäftigte Führungskräfte weisen keine signifikant höhere Arbeitszufriedenheit gegenüber vollzeitbeschäftigten Führungskräften auf.

Gruppenstatistiken					
Teilzeit oder Vollzeitkraft?		N	Mittelwert	Standardabweichung	Standardfehler des Mittelwertes
Skala Arbeitszufriedenheit	Teilzeit	70	27,96	5,777	,690
	Vollzeit	75	28,80	4,736	,547

Tab. 15: Gruppenstatistik des T-Tests der Dimension Arbeitszufriedenheit (Eigene Darstellung)

Tabelle 15 stellt die deskriptiven Kennwerte und die Größen der beiden Gruppen Teil- und Vollzeitführungskräfte dar. Die Mittelwerte beider Gruppen(Teilzeit= 27,96 und Vollzeit= 28,80) liegen sehr eng beinander und weisen einen Mittelwertsunterschied von 0,84 auf. Die Werte der Standardabweichung unterscheiden sich mit 5,777 (Teilzeit) und 4,736 (Vollzeit) ebenfalls nur gering.

Tabelle 16 stellt die Ergebnisse des Levene-Tests vor.

Levene-Test der Varianzgleichheit		
	F	Signifikanz
Varianzen sind gleich	1,355	,246
Varianzen sind nicht gleich		

Tab. 16: Levene-Test der Dimension Arbeitszufriedenheit (Eigene Darstellung)

Die Signifikanz des Levene-Tests ist mit einem Wert von ,246 positiv über dem Signifikanzniveau von 0,05 und somit kann Varianzhomogenität angenommen werden.

Damit sind die T-Werte der oberen Zeile der Tabelle 17 „Varianzen sind gleich" zu entnehmen.

	T-Test für die Mittelwertgleichheit						
	T	df	Sig. (2-seitig)	Mittlere Differenz	Standardfehler der Differenz	95% Konfidenzintervall der Differenz	
						Untere	Obere
Varianzen sind gleich	**-,963**	**143**	**,337**	-,843	,875	-2,572	,886
Varianzen sind nicht gleich	-,957	133,674	,340	-,843	,881	-2,585	,899

Tab. 17: T-Test der Dimension Arbeitszufriedenheit (Eigene Darstellung)

Die relevanten Werte des T-Tests der Dimension Arbeitszufriedenheit sind ein T-Wert von -,963 mit 143 Freiheitsgraden und einer Signifikanz von ,337. Der Wert von ,337 liegt deutlich über dem Signifikanzniveau von 0,05. Damit ist der Mittelwertsunterschied von 0,84 nicht signifikant auf dem 5% Niveau.

Dies bedeutet, dass die Hypothese H1 anzunehmen ist und Teilzeitbeschäftigte Führungskräfte keine signifikant höhere Arbeitszufriedenheit gegenüber vollzeitbeschäftigten Führungskräften aufweisen.

4.2.2 Arbeitsmotivation

Es soll geprüft werden, ob H2 anzunehmen oder abzulehnen ist.

H2: Teilzeitbeschäftigte Führungskräfte weisen eine signifikant höhere Arbeitsmotivation gegenüber vollzeitbeschäftigten Führungskräften auf.

Gruppenstatistiken					
Teilzeit oder Vollzeitkraft?		N	Mittelwert	Standardabweichung	Standardfehler des Mittelwertes
Skala Arbeitsmotivation	Teilzeit	70	**34,40**	**11,478**	1,372
	Vollzeit	75	**37,49**	**7,816**	,903

Tab. 18: Gruppenstatistik des T-Tests der Dimension Arbeitsmotivation (Eigene Darstellung)

Tabelle 18 stellt die deskriptiven Kennwerte und die Größen der Teil- und Vollzeitführungskräfte dar. Die Mittelwerte beider Gruppen (Teilzeit= 34,40 und Vollzeit= 37,49) beider Gruppen weisen einen Unterschied von 3,09 auf. Die Werte der Standardabweichung liegen bei 11,478 (Teilzeit) und 7,816 (Vollzeit). Tabelle 19 stellt die Ergebnisse des Levene-Tests vor.

Levene-Test der Varianzgleichheit		
	F	Signifikanz
Varianzen sind gleich	12,310	,001
Varianzen sind nicht gleich		

Tab. 19: Levene-Test der Dimension Arbeitsmotivation (Eigene Darstellung)

Die Signifikanz des Levene-Tests ist mit einem Wert von ,001 unter dem Signifikanzniveau von 0,05 und somit kann davon ausgegangen werden, dass keine Varianzhomogenität vorliegt.

Damit sind die T-Werte der unteren Zeile der Tabelle 20 „Varianzen sind nicht gleich" zu entnehmen.

T-Test für die Mittelwertgleichheit							
	T	df	Sig. (2-seitig)	Mittlere Differenz	Standard-fehler der Differenz	95% Konfidenz-intervall der Differenz	
						Untere	Obere
Varianzen sind gleich	-1,908	143	,058	-3,093	1,621	-6,298	,112
Varianzen sind nicht gleich	**-1,884**	**120,587**	**,062**	-3,093	1,642	-6,345	,158

Tab. 20: T-Test der Dimension Arbeitsmotivation (Eigene Darstellung)

Die relevanten Werte des T-Tests der Dimension Arbeitszufriedenheit sind ein T-Wert von -,1,884 mit 120,5 Freiheitsgraden und einer Signifikanz von ,062. Der Wert von ,062 liegt über dem Signifikanzniveau von 0,05. Damit ist der Mittelwertsunterschied von 3,09 nicht signifikant auf dem 5% Niveau.

Dies bedeutet, dass die Hypothese H2 abzulehnen ist und Teilzeitbeschäftigte Führungskräfte keine signifikant höhere Arbeitsmotivation gegenüber vollzeitbeschäftigten Führungskräften aufweisen.

4.2.3 Commitment

Es soll geprüft werden, ob H3 anzunehmen oder abzulehnen ist.

H3: Teilzeitbeschäftigte Führungskräfte weisen eine signifikant höhere Commitment gegenüber vollzeitbeschäftigten Führungskräften auf.

Gruppenstatistiken					
Teilzeit oder Vollzeitkraft?		N	Mittelwert	Standardabweichung	Standardfehler des Mittelwertes
Skala Commitment	Teilzeit	70	21,03	6,211	,742
	Vollzeit	75	21,44	4,503	,520

Tab. 21: Gruppenstatistik des T-Tests der Dimension Commitment (Eigene Darstellung)

Tabelle 21 stellt die deskriptiven Kennwerte und Größen der Teil- und Vollzeitführungskräfte dar. Die Mittelwerte der beiden Gruppen (Teilzeit= 21,03 und Vollzeit= 21,44) liegen sehr eng beinander und weisen einen Mittelwertsunterschied von 0,41 auf. Die Werte der Standardabweichung unterscheiden sich mit 6,211 (Teilzeit) und 4,503 (Vollzeit) ebenfalls nur gering.

Tabelle 22 stellt die Ergebnisse des Levene-Tests dar.

Levene-Test der Varianzgleichheit		
	F	Signifikanz
Varianzen sind gleich	3,738	,055
Varianzen sind nicht gleich		

Tab. 22: Levene-Test der Dimension Commitment (Eigene Darstellung)

Die Signifikanz des Levene-Tests ist mit einem Wert von ,055 positiv über dem Signifikanzniveau von 0,05 und somit kann Varianzhomogenität angenommen werden.

Damit sind die T-Werte der oberen Zeile der Tabelle 23 „Varianzen sind gleich" zu entnehmen.

	T-Test für die Mittelwertgleichheit						
	T	df	Sig. (2-seitig)	Mittlere Differenz	Standard-fehler der Differenz	95% Konfidenz-intervall der Differenz	
						Untere	Obere
Varianzen sind gleich	-,459	143	,647	-,411	,897	-2,184	1,361
Varianzen sind nicht gleich	-,454	125,206	,651	-,411	,906	-2,205	1,382

Tab. 23: T-Test der Dimension Commitment (Eigene Darstellung)

Die relevanten Werte des T-Tests der Dimension Arbeitszufriedenheit sind ein T-Wert von -,459 mit 143 Freiheitsgraden und einer Signifikanz von ,647. Der Wert von ,647 liegt deutlich über dem Signifikanzniveau von 0,05. Damit ist der Mittelwertsunterschied von 0,41 nicht signifikant auf dem 5% Niveau.

Dies bedeutet, dass die Hypothese H3 abzulehnen ist und Teilzeitbeschäftigte Führungskräfte kein signifikant höheres Commitment gegenüber vollzeitbeschäftigten Führungskräften aufweisen.

4.3 Beurteilung von Teilzeitarbeit aus Sicht der teil- und vollzeitarbeitenden Führungskräfte

In diesem Kapitel werden die individuellen Meinungen, Einschätzungen und Angaben über Teilzeitarbeit aus Sicht der teil- und vollzeitbeschäftigten Führungskräfte gegenübergestellt.

4.3.1 Teilzeitbeschäftigte Führungskräfte

Im Folgenden werden, basierend auf den formulierten Hypothesen, die relevanten Ergebnisse zum Thema Teilzeitarbeit aus Sicht der teilzeitbeschäftigten

Führungskräfte vorgestellt. Alle weiteren Auswertungen befinden sich in Form einer Übersichtstabelle im Anhang.

Tabelle 24 stellt die Verteilung der genutzten Teilzeitmodelle der Teilzeitführungskräfte dar.

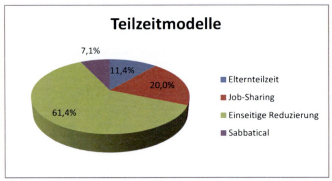

Tab. 24: Teilzeitmodelle (Eigene Darstellung)

61,4% aller teilzeitbeschäftigten Teilnehmer haben ihre Arbeitszeit einseitig reduziert und 20% haben das Teilzeitmodell Job-Sharing benutzt. 11,4% der teilzeitbeschäftigten Teilnehmer haben sich in Elternteilzeit befunden und 7,1% haben ein Sabbatical benutzt.

Tabelle 25 veranschaulicht die verschiedenen Gründe der Arbeitszeitreduzierung der teilzeitarbeitenden Führungskräfte.

Tab. 25: Gründe der Arbeitszeitreduzierung der teilzeitarbeitenden Führungskräfte (Eigene Darstellung)

Der größte Teil (81,4%) der teilzeitbeschäftigten Teilnehmer haben ihre Arbeitszeitreduzierung mit einer besseren Vereinbarkeit von Beruf und Familie begründet. 14,3% haben ihre Arbeitszeit reduziert, um mehr Möglichkeiten für zusammenhängenden Freizeitausgleich nutzen zu können und 2,9% argumentierten mit einer höheren Arbeitszufriedenheit. 1,4% haben angegeben, durch eine reduzierte Arbeitszeit, mehr Zeit für Fortbildungen zu haben.

Tabelle 26 visualisiert die Entscheidungszeit für die Reduzierung der Arbeitszeit der teilzeitbeschäftigten Führungskräfte.

Tab. 26: Entscheidungszeit für die Arbeitszeitreduzierung (Eigene Darstellung)

32,8% der teilzeitbeschäftigten Teilnehmer haben ihre Entscheidung zur Reduzierung der Arbeitszeit in der Elternzeit getroffen. 22,8% haben sich nach einem 1 Jahr entschieden und 20% sofort. 10% der teilzeitbeschäftigten Teilnehmer haben zwei Jahre lang, 5,7% drei Jahre lang und 4,3% ein halbes Jahr lang überlegt, bis sie sich für eine Reduzierung der Arbeitszeit entschieden.

Jeweils 1,4% der Teilnehmer haben sich nach fünf bzw. sechs Jahren entschieden oder sind direkt in eine Teilzeitstelle eingestiegen.

Tabelle 27 skizziert die Reaktionen der Kollegen auf die Reduzierung der Arbeitszeit der Teilnehmer.

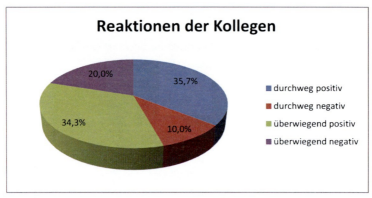

Tab. 27: Reaktionen der Kollegen (Eigene Darstellung)

35,7% der teilzeitbeschäftigten Führungskräfte haben angegeben, dass ihre Kollegen durchweg positiv reagiert hatten und 34,3% haben die Reaktionen als überwiegend positiv bezeichnet. Bei 20% der Teilnehmer sind die Reaktionen der Kollegen überwiegend negativ gewesen und bei 10% durchweg negativ.

Tabelle 28 veranschaulicht die Reaktionen der Vorgesetzten auf die Entscheidung der Teilnehmer, ihre Arbeitszeit zu reduzieren.

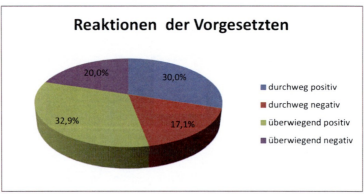

Tab. 28: Reaktionen der Vorgesetzten (Eigene Darstellung)

Bei 32,9% der teilzeitbeschäftigten Führungskräfte haben die Vorgesetzten überwiegend positiv reagiert und 30% haben die Reaktionen als durchweg positiv bezeichnet. 20% der Teilnehmer haben angegeben, dass die Vorgesetzten überwiegend negativ reagier hattenn und 17,1% haben eine durchweg negative Reaktion genannt.

In Tabelle 29 ist die Unterstützung der Vorgesetzten auf die Entscheidung der Teilnehmer, ihre Arbeitszeit zu reduzieren, dargestellt.

		Unterstützung vom Vorgesetzten			
		Häufigkeit	Prozent	Gültige Prozente	Kumulierte Prozente
Gültig	ja	36	51,4	51,4	51,4
	nein	34	48,6	48,6	100,0
	Gesamt	70	100,0	100,0	

Tab. 29: Unterstützung vom Vorgesetzten (Eigene Darstellung)

51,4% Teilnehmer haben über eine Unterstützung vom Vorgesetzten bei der Reduzierung der Arbeitszeit berichtet. 48,6% sind von ihrem Vorgesetzten dabei nicht unterstützt worden.

Tabelle 30 bildet die Beförderungsstatistik der Teilzeitbeschäftigten Führungskräfte ab.

		Beförderung			
		Häufigkeit	Prozent	Gültige Prozente	Kumulierte Prozente
Gültig	ja	27	38,6	38,6	38,6
	nein	43	61,4	61,4	100,0
	Gesamt	70	100,0	100,0	

Tab. 30: Beförderung (Eigene Darstellung)

43 (61,4%) teilzeitbeschäftigte Teilnehmer sind während ihrer Teilzeitarbeit nicht befördert worden und 27 (38,6%) Teilnehmer haben eine Beförderung erhalten.

Die Einschätzung der Aufstiegschancen seitens der teilzeitbeschäftigten Führungskräfte wird in Tabelle 31 aufgezeigt.

Tab. 31: Einschätzung der Aufstiegschancen (Eigene Darstellung)

57,1% der teilzeitbeschäftigten Führungskräfte haben erklärt, dass sie ihre Aufstiegschancen, im Vergleich zu Vollzeitarbeit, schlechter einschätzen. 37,1% haben unveränderte Aufstiegschancen durch Teilzeitarbeit angegeben. 2,9% der teilzeitbeschäftigten Führungskräfte sind von einer verbesserten Aufstiegschance ausgegangen. Weitere 2,9% haben keine Einschätzung abgeben können.

Tabelle 32 zeigt die Zufriedenheit der teilzeitbeschäftigten Teilnehmer mit ihrer Entscheidung zur Teilzeitarbeit.

		Zufriedenheit mit der Arbeitszeitreduzierung			
		Häufigkeit	Prozent	Gültige Prozente	Kumulierte Prozente
Gültig	ja	61	87,1	87,1	87,1
	nein	9	12,9	12,9	100,0
	Gesamt	70	100,0	100,0	

Tab. 32: Zufriedenheit mit der Arbeitszeitreduzierung (Eigene Darstellung)

Mit 87,1% hat der Großteil der Teilnehmer angegeben, dass sie zufrieden wären mit ihrer Entscheidung die Arbeitszeit zu reduzieren. 12,9% sind mit ihrer Entscheidung nicht zufrieden gewesen.

4.3.2 Vollzeitbeschäftigte Führungskräfte

Im Folgenden werden, basierend auf den formulierten Hypothesen, die relevanten Ergebnisse zum Thema Teilzeitarbeit aus Sicht der vollzeitbeschäftigten Führungskräfte vorgestellt. Alle weiteren Auswertungen befinden sich in Form einer Übersichtstabelle im Anhang.

Tabelle 33 skizziert die Gründe, aus denen die vollzeitbeschäftigten Teilnehmer ihre Arbeitszeit reduzieren würden.

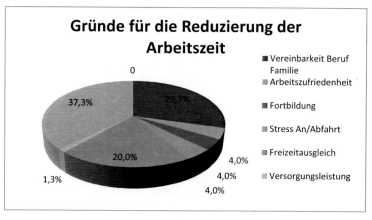

Tab. 33: Gründe für die Arbeitszeitreduzierung der Vollzeitkräfte (Eigene Darstellung)

37,3% der vollzeitbeschäftigten Führungskräfte sind nicht an einer Reduzierung der Arbeitszeit interessiert gewesen. 29,3% würden ihre Arbeitszeit für eine bessere Vereinbarkeit von Beruf und Familie reduzieren und 20% um mehr Möglichkeiten für Freizeitausgleich zu schaffen. Jeweils 4% haben eine mögliche Arbeitszeitreduzierung damit begründet, dass sie sich weiter fortbilden, eine höhere Arbeitszufriedenheit erlangen oder geringeren Stress bei der An- und Abfahrt haben möchten. 1,3% würden die zusätzliche Zeit für Versorgungsleistungen nutzen.

Tabelle 34 veranschaulicht das Interesse an einer Reduzierung der Arbeitszeit von Vollzeitbeschäftigten Führungskräften.

		Häufigkeit	Prozent	Gültige Prozente	Kumulierte Prozente
Interesse an einer Arbeitszeitreduzierung der Vollzeitkräfte					
Gültig	ja	28	37,3	37,3	37,3
	nein	47	62,7	62,7	100,0
	Gesamt	75	100,0	100,0	

Tab. 34: Interesse an einer Arbeitszeitreduzierung der Vollzeitkräfte (Eigene Darstellung)

47 (62,7%) haben noch nie mit dem Gedanken gespielt, ihre Arbeitszeit zu reduzieren. 28 (37,3%) haben dies bereits getan.

Tabelle 35 visualisiert die Einschätzung der Aufstiegschancen seitens der Vollzeitbeschäftigten Führungskräfte.

Tab. 35: Einschätzung der Vollzeitkräfte auf die Aufstiegschancen bei Teilzeitarbeit (Eigene Darstellung)

73,3% der vollzeitbeschäftigten Teilnehmer haben die Aufstiegschancen einer Teilzeitkraft als schlechter eingeschätzt. 14,7% der Teilnehmer haben keine Abschätzung abgeben können. 10,7% haben geglaubt, dass sich die Aufstiegschancen für Teilzeitkräfte nicht verändern und 1,3% haben die Aufstiegschancen als besser angesehen.

5 Diskussion

Zunächst erfolgt eine Zusammenfassung der zentralen Ergebnisse der Befragung der teil- und vollzeitarbeitenden Führungskräfte. In der anschließenden Diskussion werden die zentralen Ergebnisse kritisch betrachtet und hinterfragt.

5.1 Zentrale Ergebnisse

Die vorliegende Arbeit beschäftigt sich im Wesentlichen mit der Frage, ob Teilzeitarbeit eine positive Wirkung auf die Arbeitszufriedenheit, Arbeitsmotivation und das Commitment von Teilzeitführungskräften hat. Des Weiteren soll geklärt werden, welchen Stellenwert Teilzeitarbeit bei Führungskräften einnimmt.

Die wichtigsten Ergebnisse der Untersuchung lauten:
- Teilzeitbeschäftigte Führungskräfte haben keine signifikant höhere Arbeitszufriedenheit gegenüber vollzeitbeschäftigten Führungskräften aufweisen können.
- Teilzeitbeschäftigte Führungskräfte haben keine signifikant höhere Arbeitsmotivation gegenüber vollzeitbeschäftigten Führungskräften aufweisen können.
- Teilzeitbeschäftigte Führungskräfte haben kein signifikant höheres Commitment gegenüber vollzeitbeschäftigten Führungskräften aufweisen können.
- Das am häufigsten verbreitete (61,4%) Teilzeitmodell bei Führungskräften im öffentlichen Dienst ist die „Einseitige Reduzierung" gewesen.
- Der größte Teil (81,4%) der teilzeitbeschäftigten Führungskräfte hat die Arbeitszeit für eine bessere Vereinbarkeit von Beruf und Familie reduziert.
- Der größte Teil (75,6%) der teilzeitbeschäftigten Führungskräfte hat sich innerhalb kurzer Zeit (20% - sofortige Entscheidung, 22,8% - Entscheidung nach einem Jahr, 32,8% - Entscheidung in der Elternzeit) für eine Arbeitszeitreduzierung entschlossen.
- 70% der Kollegen der teilzeitbeschäftigten Führungskräfte hat überwiegend bis durchweg positiv reagiert.

- 62,9% der Vorgesetzten der teilzeitbeschäftigten Führungskräfte hat überwiegend bis durchweg positiv reagiert.
- 51,4% der teilzeitbeschäftigten Führungskräfte ist aktiv von ihren Vorgesetzten bei der Arbeitszeitreduzierung unterstützt worden.
- 38,6% der teilzeitbeschäftigten Führungskräfte ist während der Teilzeitarbeit befördert worden.
- Der größte Teil (57,1%) der teilzeitbeschäftigten Führungskräfte hat ihre Aufstiegschancen aufgrund der Teilzeitarbeit als schlechter eingeschätzt.
- 87,1% der teilzeitbeschäftigten Führungskräfte sind mit ihrer Entscheidung, die Arbeitszeit zu reduzieren zufrieden gewesen.
- 37,3% der vollzeitbeschäftigten Führungskräfte hatte kein Interesse an einer Arbeitszeitreduzierung. 49,3% würden ihre Arbeitszeit aus den Gründen Arbeitszufriedenheit oder Vereinbarkeit von Beruf und Familie reduzieren.
- 62,7% der vollzeitbeschäftigten Führungskräfte hatten noch nie mit dem Gedanken gespielt, die Arbeitszeit zu reduzieren.
- 73,3% der vollzeitbeschäftigten Führungskräfte hat die Aufstiegschancen einer Teilzeitkraft als schlechter eingeschätzt.

5.2 Diskussion der Ergebnisse

Die Werte der Skalenanalyse weisen eine hohe Reliabilität der drei Dimensionen Arbeitszufriedenheit, Arbeitsmotivation und Commitment auf. Die Grundlage bildet dabei die Konzipierung des Fragebogens, um so repräsentative Aussagen gewährleisten zu können. Eine hohe Zuverlässigkeit der Messung ist gegeben. Die erzielten Ergebnisse bilden folglich die tatsächlichen Unterschiede zwischen den beiden Stichproben ab.

Die Analyse der Auswirkungen von Teilzeitarbeit auf die drei Dimensionen mittels T-Test ergab, dass keine signifikanten Unterschiede zwischen den Dimensionen bei teil- und vollzeitbeschäftigten Führungskräften vorhanden sind. Die Hypothese H1 ist bestätigt und die Hypothesen H2 und H3 abzulehnen. Die theoretischen Grundlagen der Hypothese H1 haben darauf schließen lassen, dass Teilzeitarbeit höchstens eine geringe Auswirkung auf die Arbeitszufriedenheit von Teilzeitkräften hat. Der Grund dafür ist die Einordnung von Teilzeitarbeit laut Herzberg als Hygienefaktor, was lediglich durch die Vermeidung von Unzufriedenheit gekennzeichnet ist. In der vorliegenden Untersuchung ist diese Aussage bestätigt worden. Damit erweitern die gewonnenen Erkenntnisse die bisherigen Studien.

Die Ergebnisse der Hypothesentestung H2 und H3 sind verwunderlich, da die theoretischen Grundlagen (s. Kap. 2) und die daraus resultierenden Hypothesen bei den Dimensionen Commitment und Arbeitsmotivation darauf schließen ließen, dass ein positiv signifikanter Unterschied zugunsten der Teilzeitarbeitskräfte zu erwarten gewesen ist. Dass die Auswirkungen von Teilzeitarbeit auf Führungskräfte nicht wie erwartet ausgefallen sind, kann verschiedene Gründe haben. Die bisherigen Studien haben sich auf Teilzeitarbeit im Allgemeinen und nur selten auf Teilzeitarbeit bei Führungskräften bezogen. Die Arbeitsmotivation und das Commitment der teil- und vollzeitbeschäftigten Mitarbeiter sind insgesamt sehr hoch gewesen, was eine allgemein hohe Motivation und ein hohes Commitment bei Führungskräften im öffentlichen Dienst in NRW vermuten lässt. Gleiches gilt für die Dimension Arbeitszufriedenheit. Der Großteil der vollzeitbeschäftigten Führungskräfte steht einer Reduzierung der Arbeitszeit kritisch gegenüber. Die Beantwortung des Fragebogens könnte beeinflusst und somit die Ergebnisse verfälscht worden sein. Eine weitere Möglichkeit ist, dass die positiven Auswirkungen von Teilzeitarbeit auf die teilzeitbeschäftigten Führungskräfte aufgrund verschiedener negativer Aspekte überschattet werden. Ein schlechtes Arbeitsverhältnis zu den Kollegen und Vorgesetzten, schlechtere Aufstiegschancen oder fehlende Unterstützung und Anerkennung könnten sich auf die Arbeitsmotivation und das Commitment negativ auswirken. Dagegen spricht, dass in der vorliegenden Untersuchung 70% der Kollegen und 62,9% der Vorgesetzten positiv auf eine Reduzierung der Teilzeitarbeit reagiert haben. Dafür würde sprechen, dass lediglich etwa die Hälfte der Teilzeitführungskräfte von ihren Vorgesetzten bei der Reduzierung ihrer Arbeitszeit unterstützt worden sind.

Die Ergebnisse zu Einstellungen und Meinungen über Teilzeitarbeit zeigen teilweise eine hohe Streubreite auf. 30% der teilzeitbeschäftigten Führungskräfte erklärten überwiegend bis durchwegs negative Reaktionen der Kollegen und 37,1% überwiegend bis durchwegs negative Reaktionen der Vorgesetzten. Vor allem die durchweg negativen Reaktionen der Vorgesetzten weisen mit 17,1%

einen sehr hohen Wert auf. In der Studie von Mücke wurden die Anforderungen an Aufgabe, Person, Arbeitssystem und Umsetzungsprozess von teilzeitarbeitenden Führungskräften im öffentlichen Dienst untersucht. Es hat sich gezeigt, dass Teilzeitarbeit von den Teilnehmern auf unterschiedlichen Hierarchieebenen und in unterschiedlichen Arbeitssystemen umgesetzt worden ist. Das Fazit der Teilnehmer zu Teilzeitarbeit ist positiv. Aufgrund der Komplexität und Vielfältigkeit kann zwischen den Bereichen Aufgabe, Person, Arbeitssystem und Umsetzungsprozess keine einfache „Wenn-Dann-Aussage" getroffen werden. Im Rahmen dieser Studie sind die Teilnehmer ebenfalls nach den Reaktionen von Kollegen und Vorgesetzten befragt worden. Dabei haben ca. zwei Drittel der Vorgesetzten und Kollegen positiv reagiert.[96] Dieser Wert ist mit den Ergebnissen in der vorliegenden Studie als vergleichbar zu sehen.

Nur 51,4% der teilzeitarbeitenden Führungskräfte sind von ihren Vorgesetzten beim Wunsch nach Reduzierung der Arbeitszeit unterstützt worden. Dieser Wert von knapp über 50% ist als extrem niedrig zu beurteilen. Man kann spekulieren, dass der Grund im vermehrten Aufwand für die Vorgesetzten liegt, z.B. durch eine eventuelle Neubesetzung, Arbeitsteilung und Verwaltung. Dies bestätigen Kommentare der teilzeitbeschäftigten Führungskräfte:

„Das Thema ist bei direkten Vorgesetzten verhasst, da sie meinen, es würde Mehrarbeit auf sie zukommen. Bei uns ging es bis zum massiven Mobbing und soweit, dass die Beförderung durch den Vorgesetzten mit aller Gewalt verhindert werden sollte. Erst durch Aussprache des Wortes „Mobbing" und Einschalten eines Anwaltes wurde durch die Behördenleitung eingelenkt." (FK 76)

„Die Familie spielt in den Augen der Vorgesetzten gar keine Rolle. Fast könnte man glauben, dass Männer nur für sich leben, auch wenn sie selbst Familienväter sind. Aber so ist das Klischee: Für Männer ist die Familie nur Hobby." (FK 5)

Da weitere ähnliche Kommentare abgegeben wurden, kann angenommen werden, dass die beschriebene Arbeitssituation kein Einzelfall war. Es wird deutlich, dass es der Wunsch auf Teilzeitarbeit teilweise zu massiven Problemen bis hin zum Mobbing führen kann. Ein rechtlicher Schritt stellt ein großes Risiko sowie Anstrengung dar und in diesem Zusammenhang ist es fraglich, wie viele gemobbte Personen sich wehren.

---

[96] Vgl. Mücke: Teilzeitarbeitende Führungskräfte, 2005, S. 79 ff.

Aus Sicht der vollzeitbeschäftigten Führungskräfte sind folgende Aussagen charakteristisch gewesen:

„Meines Erachtens lassen sich die Aufgaben einer Führungskraft meistens nicht teilen, es wird ein Ansprechpartner erwartet, der die Fäden zusammenhält." (FK 38)

„Häufig möchten gerade Teilzeitkräfte keine höhere Funktion." (FK 135)

Diese Aussagen deuten daraufhin, dass seitens der vollzeitbeschäftigten Führungskräfte keine wirkliche Akzeptanz für Teilzeitarbeit vorhanden ist und Teilzeitarbeit als Abkehr von einer möglichen Karriere verstanden wird. Aussagen von vollzeitbeschäftigten Führungskräften, die auf eine Vereinbarkeit von Karriere und Teilzeitarbeit hinweisen, sind nicht getroffen worden.

Rund 40% der vollzeitbeschäftigten Führungskräfte haben kein Interesse an einer Reduzierung gehabt. Die anderen Vollzeitkräfte haben als mögliche Gründe bei der Arbeitszeitreduzierung hauptsächlich „Vereinbarkeit von Beruf und Familie" oder „mehr Möglichkeiten für zusammenhängenden Freizeitausgleich" angegeben. 37,3% der vollzeitbeschäftigten Führungskräfte haben bereits mit dem Gedanken gespielt, ihre Arbeitszeit zu reduzieren. Dies belegt die Angaben in der Literatur, dass viele Vollzeitkräfte über eine Arbeitszeitreduzierung nachdenken, sich aber im Endeffekt doch dagegen entscheiden.[97] Die Gründe der Arbeitszeitreduzierung der teilzeitbeschäftigten Führungskräfte haben zu 81,4% an einer besseren Vereinbarkeit von Beruf und Familie gelegen. 14,3% haben angegeben, ihre Arbeitszeit reduziert zu haben um mehr Möglichkeiten für zusammenhängenden Freizeitausgleich zu haben. Lediglich 2,9% haben ihre Arbeitszeit für mehr Arbeitszufriedenheit reduziert und 1,4% für mehr Zeit für Fortbildungen. Im Vergleich zur genannten Studie von Mücke zu teilzeitarbeitenden Führungskräften im öffentlichen Dienst sind in dieser Untersuchung andere Antwortkategorien angegeben worden. In der Studie von Mücke haben 70% der Teilnehmer ihre Arbeitszeit aufgrund von Kinderbetreuung und 17,6% aus gesundheitlichen Gründen reduziert.[98] Diese Ergebnisse lassen sich zwar nicht direkt vergleichen, lassen aber darauf schließen, dass die Familie der wichtigste Grund für eine Reduzierung der Arbeitszeit darstellt.

---

[97] Vgl. Mücke: Teilzeitarbeitende Führungskräfte, 2005, S. 1 f.
[98] Vgl. Mücke: Teilzeitarbeitende Führungskräfte, 2005, S. 60.

Die Verteilung der Teilzeitmodelle ist als besonders interessant zu erachten, da 61,4% der teilzeitbeschäftigten Führungskräfte ihre Arbeitszeit einseitig reduziert haben. Die Elternteilzeit liegt lediglich bei 11,4% und damit viel niedriger als erwartet. Aktuelle Studien über die Verbreitung von Teilzeitarbeit (s. Kap. 2.2) geben an, dass Teilzeitarbeit auch bei Führungskräften ein „Frauenphänomen" ist. In der vorliegenden Untersuchung liegt die Anzahl der Frauen bei den teilzeitbeschäftigten Führungskräften bei 68,5% und bei den vollzeitbeschäftigten Führungskräften bei 66,7%. Die hohe Anzahl an weiblichen vollzeitbeschäftigten Teilnehmern lässt sich auf ein erhöhtes Interesse seitens der Frauen an Teilzeitarbeit zurückzuführen und die hohe Anzahl an teilzeitbeschäftigten Teilnehmern bestätigt das „Frauenphänomen" bei Teilzeitarbeit. Dennoch zeigen die Ergebnisse, dass Teilzeitarbeit nicht nur aufgrund von Elternteilzeit weit verbreitet ist. Viel eher scheint die Teilzeitarbeit für einen langfristigen und dauerhaften Ausgleich der beruflichen und familiären Interessen genutzt zu werden. Die erhobenen Daten über die Entscheidungszeit zur Reduzierung der Arbeitszeit der teilzeitbeschäftigten Führungskräfte bestätigen diese Annahme. 32,8% der teilzeitbeschäftigten Teilnehmer trafen den Entschluss ihre Arbeitszeit zu reduzieren in der Elternzeit. Es ist zu vermuten, dass dabei überwiegend weibliche Führungskräfte betroffen waren, welche ein hohes Interesse aufweisen, nach der Geburt des Kindes wieder zügig als Teilzeitkraft in den Beruf einzusteigen. Darauf könnten die Reaktionen der Kollegen und Vorgesetzten positiver ausfallen, als auf einen Einstieg in Teilzeitarbeit auf Basis eines anderen Grundes. Damit sind Gründe gemeint, die die Teilzeitkraft in den Augen vieler Kollegen als faul und unkollegial erscheinen lassen, wie eine Reduzierung der Arbeitszeit aus Gründen der Arbeitszufriedenheit, Verhinderung einer physischen oder psychischen Erschöpfung (s. Kap. 2.5.6). Anhand der vorliegenden Ergebnisse kann dies nicht bestätigt werden.

Die Anzahl der Beförderungen von Teilzeitkräften zeigen ein positives Ergebnis. 38,6% der teilzeitbeschäftigten Teilnehmer sind während ihrer Teilzeitarbeit bereits befördert worden. Da eine Beförderung nicht alltäglich ist, erscheint diese Prozentzahl als hoch und könnte beweisen, dass die Aufstiegschancen von teilzeitbeschäftigten Führungskräften nicht sehr viel schlechter sind als die von vollzeitbeschäftigten Führungskräften. Die durchschnittliche Führungsverantwortung der teilzeitbeschäftigten Führungskräfte hat bei 13,7 Mitarbeitern und die der vollzeitbeschäftigten Führungskräfte bei 21,5 Mitarbeitern gelegen. Es deutet darauf hin, dass die vollzeitbeschäftigten Führungskräfte im Endeffekt die höchsten Ämter besetzen und die teilzeitbeschäftigten Führungskräfte nicht über mittlere Stellen hinaus kommen. Einerseits lässt sich dies dadurch bekräftigen, dass die Streubreite der Führungsverantwortung der vollzeitbeschäftigten Führungskräfte von 1 - 250 Mitarbeitern gereicht hat und die der teilzeitbeschäftigten Führungskräfte nur von 1 - 83. Andererseits haben drei vollzeitbeschäftigte Mitarbeiter an der Befragung teilgenommen, die zwischen 150 und 250 Mitarbeiter geführt haben. Diese Mitarbeiter haben den durchschnittlichen Wert der Führungsverantwortung stark steigen lassen. Würde man diese Zahlen aus der Auswertung heraus nehmen, läge der durchschnittliche Führungswert der vollzeitbeschäftigten Führungskräfte nur knapp über dem der teilzeitbeschäftigten Führungskräfte liegen. Eine Benachteiligung bei der Beförderung von teilzeitbeschäftigten Führungskräften hat sich auch nicht durch die Abteilungen nachweisen lassen, in denen die beiden Gruppen tätig gewesen waren. Hier haben sich keine auswertbaren Unterschiede gezeigt. Dennoch haben beide Gruppen mit großer Mehrheit Teilzeitkräfte: 57,1%, Vollzeitkräfte: 72,3%) die Aufstiegschancen von teilzeitbeschäftigten Führungskräften im Vergleich zu vollzeitbeschäftigten Führungskräften als schlechter eingeschätzt. In diesem Zusammenhang ist auffällig gewesen, dass viele teilzeitbeschäftigte Führungskräfte die Möglichkeit genutzt haben, die Fragen zu kommentieren und Aussagen getroffen haben wie:

„Es ist in meiner Behörde so, dass bei Teilzeitarbeit die Karriere auf Eis liegt." (FK 77)

„Aus beruflicher Sicht würde ich nicht nochmal die Arbeitszeit reduzieren, da es keinerlei Aufstiegsmöglichkeiten gibt. Aber meine Familie ist mir wichtiger und darum würde ich es jederzeit wieder machen." (FK 144)

Die Aussagen sind ebenfalls in der genannten Studie von Mücke wiederzufinden. Allerdings hat der Unterschied darin gelegen, dass in dieser Untersuchung keiner der teilzeitbeschäftigten Führungskräfte in einen positiven Kommentar über die Aufstiegschancen abgegeben hat.[99] Vergleichbar sind die Ergebnisse ebenfalls mit einer Fallstudie von Kohn und Breisig über Teilzeitarbeit für

---

[99] Vgl. Mücke: Teilzeitarbeitende Führungskräfte, 2005, S. 61 f.

Führungskräfte. Kohn und Breisig haben die Umstände, Bedingungen und Erfahrungen aus Sicht eines Chemieunternehmens und aus Sicht der betroffenen Mitarbeiter untersucht. Die wichtigsten Erkenntnisse haben besagt, dass die Rahmenbedingungen für Führungskräfte in Teilzeitarbeit nach wie vor sehr ungünstig sind. Die Betroffenen erkauften sogar die Teilzeitarbeit mit einem Karrierestop, der Erfordernis ständiger Erreichbarkeit und einer massiven Arbeitsverdichtung.[100]

Das bemerkenswerteste Ergebnis der Befragung hat die Beurteilung über teilzeitbeschäftigte Führungskräfte aus Sicht der teil- und vollzeitarbeitenden Führungskräfte ergeben. Trotz aller Widrigkeiten, Probleme und Nachteile der teilzeitbeschäftigten Mitarbeiter haben 87,1% angegeben, zufrieden mit ihrer Entscheidung für die Arbeitszeitreduzierung zu sein. In der Studie von Mücke sind die Teilnehmer gefragt worden, was sie hinsichtlich ihrer Teilzeitarbeit im Nachhinein anders machen würden. 86,6% haben angegeben, dass sie im Nachhinein nichts anders machen würden.[101] Dies bestätigt die hohe Zufriedenheit der teilzeitbeschäftigten Führungskräfte in dieser Untersuchung an ihrer Entscheidung die Arbeitszeit zu reduzieren. In der vorliegenden Untersuchung haben hierzu einige teilzeitbeschäftigte Führungskräfte folgende Kommentare abgegeben.

„Vermutlich nichts. Das Wohl der Familie als Ganzes hat Vorrang vor den dienstlichen Problemen. Eine Auflösung des Konfliktes ist durch konsequente Abgabe der Kinder möglich, aber nichts wünschenswert." (FK 113)

„Ich hätte mich von vorneherein mehr meiner Familie widmen sollen, als mich beruflich stark zu engagieren." (FK 91)

Die Vorteile von Teilzeitarbeit können mögliche Nachteile (s. Kap. 2.5.6), wie weniger Gehalt, schlechter eingeschätzte Aufstiegschancen und eventuelles Unverständnis seitens Kollegen und Vorgesetzten überdecken. Dies beweist vor allem, wie wichtig die Life-Domain Balance für die teilzeitbeschäftigten Führungskräfte ist. Um mehr Möglichkeiten und Zeit für Familie und Freizeitaktivitäten zu haben, werden die Nachteile der Teilzeitarbeit in Kauf genommen.

---

[100] Kohn; Breisig: Teilzeitarbeit für Führungskräfte, 1999, S. 162 ff.
[101] Vgl. Mücke: Teilzeitarbeitende Führungskräfte, 2005, S. 101 f.

5.3 Diskussion der Methodik

Bei der Beurteilung des methodischen Vorgehen bei der Fragebogen-Studie sind zwei Aspekte zu unterscheiden: zum einen die Auswahl der Stichprobe, zum anderen die Erhebungsmethode.

Aufgrund der Tatsache, dass im Vorhinein keine verlässlichen Daten über die Verbreitung von Teilzeitarbeit vorgelegen haben, ist eine große Anzahl an Städten, Gemeinden und Behörden in NRW kontaktiert worden, um Teilzeitführungskräfte rekrutieren zu können. Die Auswahl der Teilnehmer ist nicht per Zufall aus der Gesamtheit aller Führungskräfte erfolgt, sondern durch die freiwillige Teilnahme an dieser Befragung. Vermutlich haben daher nur Führungskräfte, die Interesse an dem Thema Teilzeitarbeit aufweisen, teilgenommen. Viele Anfragen zur Teilnahme sind mit den Begründungen „kein Interesse", „keine Zeit aufgrund eines hohen Arbeitsaufkommens" oder „ keine aktiven Teilzeitkräfte in der Behörde" abgelehnt worden. Die regional weit verbreiteten Teilnehmer haben zwar gezeigt, dass Teilzeitarbeit kein Phänomen darstellt, machen es aber aufgrund der unterschiedlichen Behörden- und Verwaltungsstrukturen schwer, allgemein gültige Aussagen zu treffen. Da die Stichprobe regional auf NRW begrenzt worden sind, ist diese Untersuchung nicht für alle Führungskräfte in Deutschland repräsentativ.

Die Arbeitszufriedenheit, die Arbeitsmotivation und das Commitment sind mit an die Untersuchung angepassten Fragebogenteilen aus verschiedenen Fragebögen gemessen worden. Die Überarbeitung hat dazu geführt, dass die ursprüngliche Reliabilität der genutzten Tests nicht mehr für diese Untersuchung gültig ist. Da die Reliabilität der drei Skalen Cronbachs Alphawerte von ,716 bis ,902 aufweisen, muss nur mit geringen Einschränkungen der Reliabilität, durch die Überarbeitung und Anpassung dieser Skalen gerechnet werden. Eine höhere Reliabilität durch aufwendigere Skalen konnte im Rahmen dieser Studie nicht realisiert werden. Dennoch wäre bei einer zweiten Befragung eine zweistufige Vorgehensweise mit angeschlossenen Interviews sinnvoll, um die Fragebogendaten zu vervollständigen und die Qualität der Daten zu erhöhen. Im Rahmen dieser Untersuchung sind nur Führungskräfte befragt worden. Ergänzende Aussagen von Vorgesetzten oder Mitarbeitern wären sinnvoll, um die Daten zu vervollständigen.

Die Übertragbarkeit der Untersuchungsergebnisse auf Behörden und Führungskräfte außerhalb von NRW sollte daher kritisch betrachtet werden.

6 Fazit

Ziel der hier dargestellten Studie war die Untersuchung der Auswirkungen von Teilzeitarbeit auf die Arbeitszufriedenheit, Arbeitsmotivation und das Commitment. zu untersuchen. In der vorliegenden Studie konnten die Daten von 145 teil- und vollzeitbeschäftigte Führungskräfte im öffentlichen Dienst aus NRW ausgewertet werden. Die Studie trägt dazu bei, die aktuell vorhandene geringe Studienlage zum Thema Teilzeitarbeit zu erweitern.

Im Hinblick auf die zugrunde liegenden Hypothesen dieser Arbeit sind folgende Ergebnisse hervorzuheben:

- Teilzeitbeschäftigte Führungskräfte weisen keine signifikant höhere Arbeitszufriedenheit gegenüber vollzeitbeschäftigten Führungskräften auf.
- Teilzeitbeschäftigte Führungskräfte weisen keine signifikant höhere Arbeitsmotivation gegenüber vollzeitbeschäftigten Führungskräften auf.
- Teilzeitbeschäftigte Führungskräfte weisen kein signifikant höheres Commitment gegenüber vollzeitbeschäftigten Führungskräften auf.

Allerdings konnten einige Nachteile und Einschränkungen aufgedeckt werden, die eine Entscheidung für Teilzeitarbeit mit sich bringt. Vor allem die subjektiv eingeschätzte negative Veränderung der Aufstiegschancen für teilzeitbeschäftigte Führungskräfte war entscheidend. Dennoch zog der größte Teil der teilzeitbeschäftigten Führungskräfte ein positives Fazit über ihre Entscheidung zur Teilzeitarbeit. Die Gründe lagen in der verbesserten Life-Domain Balance und der leichteren Vereinbarkeit von Beruf und Familie. Auch für Führungskräfte werden diese Faktoren immer wichtiger.

Der Bund sieht sich als Vorreiter bei Teilzeitarbeit und fördert diese, z.B. durch das TzBfG. Dennoch fehlt es größtenteils an Unterstützung der Behörde, bzw. der Vorgesetzten für Teilzeitarbeitende oder interessierte Mitarbeiter. Ein wichtiger Schritt wird es sein, Teilzeitarbeit, auch gezielt für Führungskräfte, zu fördern und somit attraktiver zu gestalten. Eine Möglichkeit wäre, eine Internetseite mit allen notwendigen Informationen über die Rechte, Vorurteile und Pflichten von Teilzeitarbeit zu veröffentlichen. Interessierte Personen könnten somit gezielt informiert, auf Eventualitäten vorbereitet und in Problemfällen unterstützt werden. Des Weiteren ist es besonders wichtig, dass die Behörden intern ihre Mitarbeiter unterstützen, Vorurteile beseitigen helfen und Teilzeitarbeit attraktiv gestalten. Nur dann ist es möglich, die Privatwirtschaft davon zu überzeugen, dass Teilzeitarbeit nicht nur Nachteile sondern auch viele Vorteile mit sich bringen kann.

Die vorliegende Studie leistet zwar einen ergänzenden Beitrag zu den bisherigen beschränkten empirischen Forschungen, es bedarf aber weiterer empirischer Studien, um dieses immer wichtiger werdende Thema, genauer zu untersuchen und dadurch auch bestehende Vorurteile zu widerlegen und Teilzeitarbeit bei Führungskräften insgesamt attraktiver werden zu lassen.

7 Literaturverzeichnis

Agentur für Arbeit [Teilzeitarbeit, 2011]
Teilzeitarbeit und Arbeitszeitflexibilisierung, verfügbar unter:
> http://www.arbeitsagentur.de/nn_18824/Dienststellen/RD-SAT/Erfurt/AA/Buergerinnen-und-Buerger/Buergerinnen-und-Buerger/Chancengleichheit/Teilzeitarbeit-und Arbeitszeitflexibilisierung.html (02.04.2012).

Arbeitsrecht.de [Führungskräfte wollen Teilzeitangebote, 2011]
Führungskräfte wollen Teilzeitangebote, verfügbar unter:
> http://www.arbeitsrecht.de/arbeit-politik/2011/02/07/fuehrungskraefte-wollen-teilzeitangebote.php (30.04.2012).

Barnickel, K. [Post-Merger Integration, 2007]
> Post-Merger-Integration, Paderborn, 2007.

Bohinc, T. [Karriere, 2008]
> Karriere machen, ohne Chef zu sein, Offenbach, 2008.

Baillod, J. [Chance Teilzeitarbeit, 2002]
> Chance Teilzeitarbeit, Zürich, 2002.

Deller, C. [Evaluation flexibler Arbeitszeitmodelle, 2004]
> Evaluation flexibler Arbeitszeitmodelle am Beispiel einer Unternehmensberatung, München, 2004.

Despeghel, M. [Lust auf Leistung, 2005]
> Lust auf Leistung, München, 2005.

Flüter-Hoffmann, C.; Solbrig, J. [Arbeitszeitflexibilisierung, 2003]
> Arbeitszeitflexibilisierung, Köln, 2003.

Gabor, M. [Commitment, 2011]
> Commitment von High Potentials in Unternehmen, Hamburg, 2011.

Hoos, S. [Lehrersabbaticals, 2009]
> Lehrersabbaticals, Kassel, 2009.

Institut für Demographie, Allgemeinwohl und Familie e.V. [Teilzeit, 2012]
> Es ist die Arbeit! Warum die Griechen uns ausbeuten – Entscheidend sind Teilzeit und Lebensarbeitszeit (02.05.2012).

Kaiser, S; Ringlstetter, M. [Work-Life-Balance, 2010]
> Work-Life-Balance, Heidelberg, 2010.

Kaya, B. [Arbeitsmotivation, 2009]
> Arbeitsmotivation und Kultur, Hamburg, 2009.

Kohn, S.; Breisig, T. [Teilzeitarbeit bei Führungskräften,1999]
    Teilzeitarbeit bei Führungskräften, in: Arbeit, 7. Jahrgang, Nr.1, 1999, S. 162-178.

Laux, H.; Schlachter, M. [Teilzeit- und Befristungsgesetz, 2007]
    Teilzeit- und Befristungsgesetz, München, 2007.

Lindecke, C. [Flexible Arbeitszeitorganisation, 2000]
    Flexible Arbeitszeitorganisation in der Praxis, München, 2000.

Lüders, H. [Teilzeitarbeit, 2007]
    Teilzeitarbeit nach §8 TzBfG – Das Ablehnungsrecht des Arbeitgebers, 3. Auflage, Berlin, 2007.

Lürssen, J. [Karriere, 2003]
    So macht man Karriere, Frankfurt am Main, 2003.

Mell, H. [Beruf und Karriere, 2005]
    Spielregeln für Betrug und Karriere, 3. Auflage, Heidelberg, 2005.

Michalk, S.; Nieder,P. [Erfolgsfaktor Work-Life-Balance, 2007]
    Erfolgsfaktor Work-Life-Balance, Weinheim, 2007.

Mücke, A. [Teilzeitarbeitende Führungskräfte, 2005]
    Teilzeitarbeitende Führungskräfte im öffentlichen Dienst, Olten, 2005.

Müller, A.; Schönheid, D. [Teilzeitarbeit]
    Neue Chancen durch Teilzeitarbeit, Kiel, 2007

Nebendahl, M. [Teilzeitarbeitsvertrag, 2005]
    Teilzeitarbeitsvertrag, 3. Auflage, München, 2005.

Nimscholz, B.; Oppermann, K.; Ostrowicz, A. [Altersteilzeit, 2008]
    Altersteilzeit, 6. Auflage, München, 2008.

Pohl, E. [Auszeit ohne Risiko, 2004]
    Auszeit ohne Risiko, Wien, 2004.

Pulte, P. [Altersteilzeit, 2001]
    Altersteilzeit, Heidelberg, 2001.

Rambach, P. H. M. [Teilzeit, 2010]
    Teilzeit und Befristung, München, 2010.

Reuther, H. [Berufliche Auszeit, 2005]
    Berufliche Auszeit, 4. Auflage, München, 2005.

Sander, J. [Teilzeitarbeit, 2008]
    Teilzeitarbeit und familienorientierte Personalpolitik, Hamburg, 2008.

Schliemann, H. [Arbeitsrecht, 2002]

Das Arbeitsrecht im BGB, 2. Auflage, Berlin, 2002.

Schmal, A. [Teilzeitbeschäftigung, 1997]
Teilzeitbeschäftigung, Frankfurt am Main, 1997.

Seitz, H. [Arbeitsmotivation, 2010]
Arbeitsmotivation und Arbeitszufriedenheit, Wien, 2010.

Simon, B. [Flexible Arbeitszeit, 2006]
Flexible Arbeitszeit, Saarbrücken, 2006.

Spiegel.de [Ingenieurstellen, 2012]
Ingenieurmangel kostet deutsche Wirtschaft Milliarden, verfügbar unter:
http://www.spiegel.de/wirtschaft/unternehmen/0,1518,828777,00.html (03.05.2012)

Straumann, L.D.; Hirt, M; Müller, W. R. [Teilzeitarbeit in der Führung, 1996]
Teilzeitarbeit in der Führung, Zürich, 1996.

Süddeutsche.de [Karriere, 2003]
Die zehn Eigenschaften der Erfolgreichen, verfügbar unter: http://www.sueddeutsche.de/karriere/2.220/karriere-die-zehn-eigenschaften-der-erfolgreichen-1.506360, (04.04.2012).

Thiele, S. [Work-Life-Balance, 2009]
Work-Life-Balance zur Mitarbeiterbindung, Hamburg, 2009.

Uhle, T.; Treier, M. [Gesundheitsmanagement, 2011]
Betriebliches Gesundheitsmanagement, Heidelberg, 2011.

Ulich, E.; Wiese, B. S. [Life Domain Balance, 2011]
Life Domain Balance, Wiesbaden, 2011.

Wank, R. [Teilzeit, 2005]
Teilzeit / Befristung / Scheinselbstständigkeit, München, 2005.

Weber, M. [Arbeitsrecht, 2007]
Arbeitsrecht für Pflegeberufe, Stuttgart, 2007.

Welslau, D. [Altersteilzeit, 2000]
Altersteilzeit in der betrieblichen Praxis, Neuwied, 2001.

Van Dick, R. [Arbeitszufriedenheit, 1999]
Stress und Arbeitszufriedenheit im Lehrerberuf, Marburg, 1999.

Vedder, G; Vedder, M. [Reduzierung der Arbeitszeit, 2008]
Wenn Managerinnen und Manager ihre Arbeitszeit reduzieren (wollen), in: Krell, G. (Hrsg.): Chancengleichheit durch Personalpolitik, 5. Auflage, Wiesbaden 2008, S. 427-441.

Zwanziger, B.; Winkelmann, B. [Teilzeitarbeit, 2007] Teilzeitarbeit, Berlin, 2007.